ASCENSÃO
& QUEDA

Uma história do mundo em dez impérios

PAUL STRATHERN

ASCENSÃO & QUEDA

Uma história do mundo em dez impérios

Tradução de Janaína Marcoantonio

L&PM EDITORES

Texto de acordo com a nova ortografia.
Título original: *Rise and Fall – A History of the World in Ten Empires*
Primeira edição: verão de 2023
Esta reimpressão: primavera de 2023

Tradução: Janaína Marcoantonio
Capa: L&PM Editores
Preparação: L&PM Editores
Revisão: Nanashara Behle

CIP-Brasil. Catalogação na publicação
Sindicato Nacional dos Editores de livros, RJ

S799a

Strathern, Paul, 1940-
  Ascensão e queda : uma história do mundo em dez impérios / Paul Strathern; tradução Janaína Marcoantonio. – 1. ed. – Porto Alegre [RS]: L&PM, 2023.
  248 p. : il. ; 21 cm.

  Tradução de: *Rise and Fall – A History of the World in Ten Empires*
  ISBN 978-65-5666-329-6

  1. Imperialismo - História. 2. Civilização - História. I. Marcoantonio, Janaína. II. Título.

22-80727   CDD: 325.32
                 CDU: 327.2

Gabriela Faray Ferreira Lopes - Bibliotecária - CRB-7/6643

© Paul Strathern, 2019

Todos os direitos desta edição reservados a L&PM Editores
Rua Comendador Coruja, 314, loja 9 – Floresta – 90.220-180
Porto Alegre – RS – Brasil / Fone: 51.3225.5777
PEDIDOS & DEPTO. COMERCIAL: vendas@lpm.com.br
FALE CONOSCO: info@lpm.com.br
www.lpm.com.br

Impresso no Brasil
Primavera de 2023

Sumário

Introdução: Três reveladoras histórias de império 9

1. O Império Acádio 19
2. O Império Romano 40
3. Os Califados Omíada e Abássida 60
4. O Império Mongol 79
5. A Dinastia Yuan 100
6. O Império Asteca 119
7. O Império Otomano 142
8. O Império Britânico 165
9. O Império Russo 182
10. O Império Americano 202

Agradecimentos 221
Agradecimentos pelas imagens 222
Referências bibliográficas 223
Índice remissivo 231

Ao Kaiser e a Lenin

INTRODUÇÃO

TRÊS REVELADORAS HISTÓRIAS DE IMPÉRIO

Na virada do século XV, a China era, em certa medida, a civilização mais avançada do mundo. Essa era a terra sobre cujas maravilhas Marco Polo contara à Europa. Em 1405, Zhu Di, terceiro imperador da Dinastia Ming, ordenou ao almirante Zheng He que partisse da China com sua frota para explorar "os oceanos do mundo".[1]

O almirante Zheng He estivera a serviço do imperador Zhu Di desde que fora capturado em sua adolescência e castrado de acordo com o costume da época. Zheng He, então, ascendera para se tornar um homem de grande estatura, tanto física como politicamente. Os relatos de testemunhas oculares o descrevem como tendo quase 2,15 metros de altura e uma circunferência de aproximadamente um metro e meio. A frota que ele comandou era de proporções ainda mais impressionantes. Continha mais de três centenas de juncos, grandes veleiros de madeira que partiram para o oceano com mais de 28 mil homens. O navio do tesouro do almirante, cuja réplica pode ser vista atualmente em Nanjing, tinha 137 metros de comprimento. Nenhuma frota comparável se lançaria ao mar nos mais de quatro séculos seguintes, até a Primeira Guerra Mundial.

Zheng He e sua frota empreenderam seis viagens entre 1405 e 1424, durante as quais ele foi do Vietnã à Indonésia, de Birmânia, Índia e Ceilão ao Golfo Pérsico, e dali ao Mar Vermelho e Jidá, e então contornou o Chifre da África rumo ao sul, até o Quênia. Os registros precisos destas seis viagens já não existem, mas parece provável que, no decurso de suas viagens, Zheng He tenha percorrido uma distância equivalente a circum-navegar o globo duas vezes. Entre as muitas maravilhas que ele transportou para a China, estava uma girafa da Somália. Sua chegada à China causou comoção, confirmando a existência do lendário *qilin* chinês, que, no século VI a.c., previra a chegada de "um rei sem trono"[2]: posteriormente considerou-se ser este o filósofo Confúcio, cujas ideias guiariam a China por dois milênios.

Em 1430, quando Zheng He tinha sessenta anos, ele recebeu ordens de empreender uma sétima viagem e "seguir até os confins da terra".[3] Esta viagem levaria três anos, tornar-se-ia lendária e seria aquela de que ele jamais regressaria. De acordo com as afirmações controversas do historiador naval Gavin Menzies, esta viagem levou Zheng He a contornar o Cabo da Boa Esperança até a África Ocidental, de onde atravessou o Atlântico rumo à América e contornou o cabo Horn, seguindo para o norte até a Califórnia. Conta-se que um almirante, que se separou da frota principal de Zheng He, chegou à Groelândia e regressou à China pelo norte da Sibéria (uma passagem que provavelmente permanecera aberta devido aos efeitos do Período Quente Medieval). Outro almirante teria navegado até a Austrália, a Nova Zelândia e o primeiro gelo à deriva da Antártida.

Os indícios para as afirmações de Gavin Menzies são, de acordo com o historiador de Harvard Niall Ferguson, "quando muito, circunstanciais, se não inexistentes".[4] Apesar disso, ao que parece, permanecem anomalias instigantes na forma de material genético chinês descoberto entre tribos nativas venezuelanas, "numerosas âncoras chinesas dos tempos medievais [...] encontradas ao largo da costa da Califórnia"[5], bem como algumas características costeiras surpreendentemente prescientes que apareciam em mapas desenhados antes das informações recebidas de exploradores europeus do século XV. A confirmação de que tais incríveis afirmações de Menzies acerca da fabulosa sétima expedição de Zheng He foram levadas a sério em algumas

Introdução

partes surgiu quando o presidente chinês Hu Jintao se dirigiu ao parlamento australiano em 2003 e afirmou que "os chineses [...] haviam descoberto a Austrália três séculos antes do capitão Cook".[6] Hoje, aparentemente, esta se tornou a história oficial chinesa.

Uma representação moderna do navio do tesouro do almirante Zheng He, junto com a embarcação na qual Colombo atravessou o Atlântico.

Nos anos que se seguiram à morte do almirante Zheng He na Índia, em 1433, chegaram ao poder novos ministros confucionistas que "eram hostis ao comércio e [...] a todas as coisas estrangeiras".[7] Uma série de Decretos Imperiais Haijin (banimentos marítimos) foi emitida, proibindo navios chineses de navegar até outras nações. Os registros oficiais das viagens de Zheng He foram destruídos, e a frota imperial foi confinada ao porto, onde logo caiu em ruína. Inicialmente, esses decretos foram proclamados como uma medida contra os piratas japoneses, mas tiveram a consequência indesejada de isolar a China do mundo exterior. A civilização Ming, progressista e extrovertida, começou a se calcificar, e "uma das maiores eras de governo ordenado e de estabilidade social na história humana"⁸ entrou em declínio.

Nossa segunda história reveladora com relação ao éthos e ao legado do império acontece cerca de três séculos depois, quando o isolamento chinês começava a ser perturbado pela chegada de comerciantes europeus, como os portugueses, os holandeses e os britânicos. Nessa época, os britânicos estavam começando a impor sua administração colonial sobre a Índia. Um caso exemplar disso aconteceu em 1770, quando a província de Biar, no leste do país, foi devastada por uma de suas fomes recorrentes. Consequentemente, o governante *de facto* da Índia britânica, Warren Hastings, ordenou a construção daquele que ficou conhecido como o Celeiro de Patna. O capitão John Garstin, um engenheiro no exército da Companhia das Índias Orientais, recebeu ordens de erigir um edifício "para a prevenção perpétua da fome na província".⁹

O resultado foi um edifício extremamente imaginativo, que os locais batizaram de Golghar ("a casa redonda"). Com quase trinta metros de altura e aproximadamente 150 metros de circunferência no nível do solo, dominava as moradias indianas à sua volta; de seu cume, era possível avistar a cidade de Patna até o Ganges, o rio sagrado dos hindus. Sua estrutura similar a um domo seria reconhecida pela população local como lembrando um estupa budista e o domo de uma mesquita islâmica. Ascendendo ao redor do domo havia uma escada em espiral, a ser usada por indianos carregando sacas de cereais para serem esvaziadas pelo buraco no topo do domo, enchendo assim, de maneira gradual, o hemisfério interno com cereal suficiente para futuros períodos de fome. O Golghar seria considerado "tocado [...] com o machismo da presença imperial [...] a mais famosa das estruturas práticas do Raj".

O capitão Garstin ordenou uma inscrição na lateral de sua grande obra arquitetônica, que anunciava que foi "enchida

Introdução

e publicamente fechada pela primeira vez por [...]". Esta proclamação permaneceu incompleta para sempre. De acordo com a poeta vitoriana Emily Eden, que visitou o Golghar, este "veio a se mostrar inútil". Quando visitei Patna e me mostraram esta celebrada estrutura, ainda em boas condições quase dois séculos depois de ter sido concluída, fui informado da razão pela qual seu uso foi abandonado. De acordo com o meu guia, a porta na base do domo, pela qual o cereal deveria sair uma vez que aquele estivesse cheio, na verdade havia sido construída de maneira que só abria para dentro.

Algumas fontes modernas contestam este detalhe importante, mas quando visitei Patna, não consegui encontrar ninguém que não estivesse convencido da veracidade desta incompetência e do consequente sofrimento infligidos pelos britânicos. Tais visões podem ter sido reforçadas pelo fato de que muitos daqueles com quem falei tinham idade suficiente para que a última fome de Biar, de 1966-1967, fosse mais do que uma memória popular.

Nossa terceira história de império nos traz aos tempos modernos, quando, como veremos, muitos tiveram boas razões para acreditar que esta seria a era dos últimos impérios da humanidade. Os dois grandes impérios do mundo pareciam estar determinados a destruir o próprio mundo.

Em 1945, nos Estados Unidos, o Projeto Manhattan, sob a responsabilidade de Robert Oppenheimer, estava em uma corrida para concluir a primeira bomba atômica do mundo. Muitos dos cientistas que trabalhavam a cargo de Oppenheimer na localidade remota de Los Alamos, no deserto do Novo México, haviam fugido da Alemanha em consequência dos decretos nazistas contra os judeus e eram chamados ironicamente pelos aliados ocidentais de "o presente de Hitler". Antes de Oppenheimer realizar o primeiro teste com a bomba, alguns de seus principais cientistas – mais notadamente o judeu húngaro Edward Teller – levantaram a possibilidade de que uma explosão nuclear pudesse incendiar a atmosfera e incinerar toda a vida na Terra. Oppenheimer designou o chefe de seu departamento de física teórica, o judeu alemão Hans Bethe, para calcular a probabilidade de isso acontecer. Embora o relatório secreto que ele e Teller produziram afirmasse que tal conflagração não seria possível, eles se sentiram compelidos a acrescentar:

> No entanto, em virtude da complexidade do argumento e da ausência de bases experimentais satisfatórias, estudos adicionais sobre o assunto são altamente desejáveis.[10]

Mesmo assim, a primeira bomba atômica foi detonada.

A mesma questão foi suscitada novamente em 1952, antes da detonação da primeira bomba de hidrogênio, desta vez arquitetada pelo próprio Teller. Mais uma vez, depois de cálculos meticulosos, concluiu-se que a possibilidade de ignição atmosférica era desprezível. A primeira bomba de hidrogênio foi devidamente testada. Imediatamente, ficou claro que nem todos os cálculos meticulosos com relação a essa bomba tinham estado corretos, ou mesmo aproximados. A detonação se mostrou *duas vezes e meia* mais poderosa do que a matemática havia previsto.

Em poucos anos, a luta entre os dois grandes impérios que competiam pelo domínio do mundo, os Estados Unidos e a União Soviética, havia alcançado a *reductio ad absurdum*: ambos haviam acumulado arsenais nucleares capazes de destruir o mundo várias vezes. Em 1962, tal rivalidade atingiu seu ápice com a Crise dos Mísseis de Cuba. Este foi, essencialmente, um confronto cara a cara entre os Estados Unidos e a União Soviética, no qual os soviéticos "piscaram primeiro" e o Armagedom foi evitado por pouco. Segundo o historiador de armas nucleares Alex Wellerstein, ao escrever várias décadas depois, a Crise dos Mísseis de Cuba foi "ainda mais perigosa do que a maioria das

INTRODUÇÃO

pessoas percebeu na época, e mais perigosa do que a maioria das pessoas sabe hoje".[11]

Este foi apenas um dos vários "quase acidentes" em que um dos dois grandes impérios modernos poderia ter destruído o mundo em vez de aceitar a derrota. Talvez o incidente mais bem documentado seja sobre "o homem que salvou o mundo". Em 6 de setembro de 1983, o tenente-coronel Stanislav Petrov era o oficial de turno a cargo do bunker Serpukhov-15, um sistema de alerta nuclear perto de Moscou. Pouco depois da meia-noite, um de seus computadores transmitiu informação de um satélite soviético que havia detectado um míssil balístico intercontinental norte-americano se aproximando.

De acordo com a política de destruição mútua assegurada (MAD, na sigla em inglês), uma estratégia de "intimidação" adotada tanto pelos Estados Unidos como pela União Soviética na época, Petrov deveria ter lançado imediatamente um contra-ataque nuclear massivo e simultâneo. Em vez disso, ele concluiu que a leitura do computador deveria ser um erro e desobedeceu às ordens, sob a justificativa de que, se os Estados Unidos fossem lançar um ataque preventivo contra a União Soviética, este obviamente envolveria mais do que um único míssil. Pouco depois, seus computadores indicaram mais quatro mísseis. Embora Petrov não tivesse nenhuma maneira de verificar se sua intuição estava correta, ele, mais uma vez, concluiu que estes também eram resultado de um erro do computador, não passando de uma incrível coincidência. Mais uma vez, ele desistiu de lançar um contra-ataque.

De acordo com relatos posteriores sobre este incidente:

> Posteriormente, verificou-se que esses alarmes falsos foram causados por um raro alinhamento de luz solar em nuvens de grande altitude e das [...] órbitas dos satélites, um erro que depois foi corrigido por meio de referência cruzada com um satélite geoestacionário.[12]

Cada uma destas três histórias ilumina aspectos na criação do império: o senso de aventura, a administração envolvida, e também a busca obstinada e o exercício de poder absoluto. E, como vimos, tais feitos frequentemente incorporam elementos de sua própria autodestruição – isso sem falar em alguma subsequente distorção imaginativa dos fatos em questão. A multiplicidade de organização sincronizada envolvida na criação e no funcionamento de um grande império é, certamente, o mais complexo dos feitos humanos, responsável por grande parte de nossa evolução histórica formativa. Mas, ironicamente, os anais do império muitas vezes estão mais preocupados com éthos do que com registro histórico. Nossa impressão do império, seja informada ou jingoísta, permanece ambígua até hoje – como refletem as duas breves imagens da cultura moderna, a seguir.

Na novela *Na colônia penal*, de Franz Kafka, um oficial da colônia mostra a um visitante a máquina engenhosa que fora desenvolvida por seu comandante. Qualquer indivíduo considerado culpado de um crime é atado na máquina, que então, de maneira lenta e excruciante, inscreve sobre seu corpo a lei que ele violou, torturando-o até a morte. O oficial da colônia é apaixonado por essa máquina, que ele insiste em demonstrar ao visitante. Tendo configurado a máquina para inscrever as palavras "seja justo", ele se coloca dentro dela. Desafortunadamente, a máquina estava em mau funcionamento e, em vez de realizar sua operação complexa, sai do controle e começa a mutilar o oficial, causando-lhe uma morte excruciante. Não é difícil interpretar esta enigmática imagem imperial de todas as maneiras possíveis, poucas delas otimistas.

A segunda imagem é igualmente paradoxal, embora um pouco menos aflitiva. Esta vem do filme *A vida de Brian*, do grupo Monty Python. Em uma cena, o líder da Frente do Povo da Judeia, interpretado por John Cleese, organiza uma reunião clandestina em que faz um discurso instando o grupo fiel a se libertar

Introdução

do jugo do Império Romano. Ele encerra o discurso indagando, retoricamente: "O que os romanos fizeram por nós?". Um por um, os membros do grupo oferecem respostas inconvenientes, até que, finalmente, seu líder é forçado a exclamar, exasperado:

> Está bem, mas além do saneamento, da medicina, da educação, do vinho, da ordem pública, da irrigação, das estradas, do sistema de águas e da saúde pública, o que os romanos *fizeram por nós*?[13]

Estas três histórias sobre impérios, e as duas imagens seguintes, podem ser vistas como paradigmas do aspecto mais geral do próprio império e de como passamos a considerá-lo.

Tudo isso nos leva à difícil pergunta: o que, precisamente, constitui um império? Qual é sua definição? Ela permanece a mesma em toda a história mundial? E, de fato, qual é o efeito de tais entidades sobre a história mundial? A definição de império do *Oxford English Dictionary* é:

> Um território extenso (*esp.* um conjunto de muitos estados separados) sob o domínio de um imperador ou governante supremo; também, um conjunto de territórios separados governados por um estado soberano.[14]

Aqui temos apenas uma estrutura básica. Inevitavelmente, com o passar dos séculos, esta assumirá diferentes formas, nem todas envolvendo o que consideraríamos elementos progressistas da evolução.

Como indicamos anteriormente, considera-se que uma descrição de império deve incluir elementos como espírito de aventura, administração e poder – inicialmente, na forma de guerra. De fato, a guerra e a consequente submissão de povos estrangeiros pareceriam ser o impulso formativo a partir do qual o império se desenvolve. Com frequência, mas não invariavelmente, seguem-se aspectos "civilizatórios". Parece não ter sido por acaso que a civilização (em sua forma ocidental) progrediu no mundo todo, mais rapidamente do que em qualquer momento anterior, durante o século que viu as primeiras duas guerras mundiais, seguidas da ameaça de uma terceira.

Por outro lado, desde as últimas décadas daquele século, e durante grande parte deste, o mundo não presenciou grandes guerras na escala anterior, ao passo que o progresso, sobretudo na forma de revolução da tecnologia da informação e tudo que isso implica, transformou o mundo de maneira sem precedentes.

Tendo em mente tais aspectos multifatoriais do império, podemos agora começar a traçar a história do mundo tal como se reflete nos dez exemplos supremos deste fenômeno.

1
O Império Acádio

Por volta de 5 mil anos atrás, as comunidades agrícolas sedentárias do fim da Idade do Bronze começaram a se unir em civilizações socialmente organizadas e reconhecíveis em três regiões distintas do planeta. A primeira delas surgiu antes de 3000 a.c. no Crescente Fértil, que se estende em um arco que vai do Alto Egito, na costa leste do Mediterrâneo, ao Golfo Pérsico, passando pelo vale do Tigre e do Eufrates. Avanços similares ocorreriam em torno de 2500 a.c. no vale do Indo (que corresponde aproximadamente ao atual Paquistão) e, meio milênio depois, ao longo do rio Amarelo, na China. Características comuns e centrais a todas essas regiões são os grandes rios, que irrigam a terra e são propensos a enchentes. Heródoto, "o pai da história", escrevendo no século V a.c., oferece uma das primeiras descrições:

> Quando o Nilo inunda o país, não se distinguem senão as cidades. Estas, surgindo do meio das águas, fazem lembrar as ilhas do mar Egeu. [...] Enquanto dura a inundação, não se navega pelo curso do rio, mas pelo meio da planície.[15]

Na história distante, tal inundação evidentemente se tornara um dilúvio catastrófico, destruindo tudo em seu caminho. Portanto, não é de surpreender que a mitologia antiga de cada uma dessas civilizações fale de um grande dilúvio que Deus causou sobre a terra, do qual sobreviveram apenas alguns poucos escolhidos. Na versão bíblica, Noé e sua família sobrevivem, junto com a arca, que continha "um casal de tudo que é carne", incluindo "as feras de toda espécie, os animais domésticos de toda espécie, os répteis de toda espécie que rastejam sobre a terra, os pássaros de toda espécie, todas as aves, tudo que tem asas."¹⁶ Conta-se que, quando o Dilúvio cessou, a arca de Noé deslizou sobre a terra no monte Ararate, que está situado no extremo leste da Turquia atual, perto das fronteiras com a Armênia e o Irã, exatamente na cabeceira da bacia do rio Eufrates.

Nas extremidades opostas do Crescente Fértil, no Egito e na Mesopotâmia (que corresponde mais ou menos ao Iraque atual), duas civilizações distintas começaram a se desenvolver. No Egito, o então chamado Império Antigo surgiu em 2686 a.C. com a unificação do Alto Egito e do Baixo Egito. Possivelmente meio milênio antes disso, a civilização suméria alcançou maturidade na região fértil entre os rios Tigre e Eufrates, que, durante esse período, fluíam separadamente para o Golfo Pérsico.* Dentre as inovações tecnológicas que aconteceram no Crescente Fértil, estão o desenvolvimento da agricultura e a introdução da irrigação, bem como a invenção da roda e a fabricação do vidro.

A escrita foi inventada pelos sumérios. Originalmente, consistia em marcas arredondadas feitas em argila úmida, que então era cozida para se tornar um registro permanente – provavelmente, para contar gado, contêineres de trigo e coisas do tipo. Com a introdução de um junco em forma de cunha como marcador, essas impressões evoluíram para a escrita cuneiforme, com caracteres distintos, capazes de comunicar coisas e, posteriormente, a própria linguagem. O sumério, tal como falado no sul da Mesopotâmia, é classificado como uma "língua isolada"; em outras palavras, parece ser original e não descendente de uma língua anterior – exceto, talvez, um antigo pidgin paleolítico verbal. Os sumérios habitavam cidades-Estado independentes,

---

* Devido ao assoreamento e ao delta do Tigre e do Eufrates, a costa noroeste do Golfo Pérsico hoje está situada cerca de 160 quilômetros a sudeste de sua localização nos tempos antigos.

cujas populações provavelmente chegavam a cerca de 20 a 30 mil habitantes cada uma. As fronteiras territoriais desses estados eram estabelecidas por canais e monumentos de pedra. Na visão da maioria das autoridades sobre o assunto, os sumérios podem ter constituído uma civilização, mas não eram um império. Mas é dessa civilização inovadora que surgiria o Império Acádio (2334-2154 a.C.).

Uma das primeiras referências ao Império Acádio está no Livro do Gênesis, o primeiro livro da Bíblia. Este registra que Nimrod, o bisneto de Noé, fundou um reino que incluía as cidades de Babel e "Acádia". De acordo com o mito, Nimrod foi o responsável por construir a Torre de Babel, uma estrutura que pretendia ser tão alta que chegaria ao céu. Isso deixou Deus tão furioso que ele fez que seus construtores falassem línguas diferentes, frustrando seus esforços e dividindo a humanidade em diferentes grupos linguísticos. Alguns mitos também identificam Nimrod com Gilgamesh, herói do poema épico de mesmo nome, a mais antiga grande obra de literatura de que temos conhecimento. Com base nisso, pode-se perceber que Nimrod provavelmente é um personagem mítico, contendo elementos de vários heróis antigos cuja identidade se tornou obscura na pré-história.

O primeiro governante historicamente reconhecido do Império Acádio foi Sargão, que nasceu em meados do século XXIII a.C. Mas não sabemos o nome real deste indivíduo: Sargão simplesmente significa "o verdadeiro rei". Até mesmo detalhes da vida e do reinado de Sargão continuam controversos entre os estudiosos, requerendo escolhas, o que, novamente, faz que os historiadores sejam acusados de dar mais importância ao éthos do que aos fatos acumulados, incorporando indícios muitas vezes contraditórios.

A famosa descrição que Sargão faz de sua infância contém insinuações familiares:

Minha mãe era uma *changeling* [filha de uma fada que foi trocada por uma criança humana], meu pai, eu não conheci [...] Ela me colocou em uma cesta de junco, selando a tampa com betume. Ela me jogou no rio, que não se ergueu sobre mim [...][17]

Nesta, há ecos inconfundíveis do bebê Moisés, do deus hindu Krishna e de Édipo, bem como do Messias. Este pareceria ser uma espécie de mito arquetípico, um requisito para tais antigas figuras proto ou semidivinas. De maneira muito similar a Moisés quase um milênio depois, Sargão foi encontrado, adotado e prosperou em seu novo lar, o reino de Kish, parte da civilização suméria original. Sargão ascendeu ao importante posto de manter a irrigação dos canais do reino, a cargo de um grande grupo de trabalhadores. Esses trabalhadores provavelmente eram milícia da reserva, habilidosos no uso de armas. De todo modo, Sargão obteve sua lealdade, e eles o ajudaram a derrubar o rei de Kish, Ur-Zababa, por volta de 2354 a.C.

Logo depois de chegar ao poder, Sargão conquistou uma série de cidades sumérias vizinhas, incluindo Ur, Uruk e possivelmente a Babilônia. Depois de cada vitória, ele "derrubava os muros da cidade"[18] e esta era incorporada ao Império Acádio. Conta-se que Sargão fundou a capital Acádia (Acade, Ágade). De acordo com uma fonte, ele "escavou o solo do fosso da Babilônia e fez uma equivalente à Babilônia ao lado de Ágade".[19] Ali Sargão construiu seu palácio, instalou sua administração e os quartéis para seu exército. Ele fundou um templo para Ishtar (o nome acádio para a deusa suméria da fertilidade e da guerra) e Zababa (o deus guerreiro de Kish). Infelizmente, a Acádia ainda está por ser descoberta e continua sendo "a única cidade real do Iraque antigo cuja localização ainda é desconhecida". Isso impossibilita qualquer indício arqueológico direto, limitando nosso conhecimento a tabuletas e textos babilônicos, quase sempre feitos muitos séculos depois.

O Império Acádio

As ambições de Sargão logo aumentaram, e ele lançaria uma série de campanhas com a intenção declarada de estender seu império por todo o mundo conhecido, o que incluía nada menos que todo o Crescente Fértil. Ele acabou não conseguindo isso, mas, ainda assim, a extensão de suas conquistas e expedições militares é impressionante. Os textos babilônicos posteriores, conhecidos como os "épicos de Sargão", falam sobre ele buscando o conselho de seus comandantes subordinados antes de lançar suas ambiciosas campanhas. Isso indica que ele provavelmente foi comandante de uma máquina militar bem administrada, em vez de um governante despótico ou de um comandante megalomaníaco que seus objetivos territoriais poderiam insinuar. Não é de surpreender que seus feitos tenham se tornado lenda:

> [Sargão] não tinha rivais, nem iguais. Seu esplendor, sobre as terras espalhou. Ele atravessou o mar no Oriente. No décimo primeiro ano, conquistou a terra ocidental em seu ponto mais distante e a colocou sob uma só autoridade. Ergueu suas estátuas ali e transportou em barcas o butim do Ocidente. Estacionou os oficiais de sua corte em intervalos de cinco horas duplas e governou em união as tribos das terras. Marchou até Kazalla e transformou Kazalla em um monte de ruínas, de modo que não restou pedra sobre pedra.[20]

Kazalla parece ter sido uma das primeiras conquistas de Sargão, já que provavelmente estava situada a leste do Eufrates, perto da Babilônia. A extensão das conquistas de Sargão continua sendo impressionante. Suas explorações militares certamente o levaram a lugares tão distantes como a costa oriental do Mediterrâneo e "à floresta de cedros e à montanha de prata". Esta é vista como uma referência às cadeias montanhosas Amanus e Tauro, que se estendem pela fronteira da Anatólia (atual Turquia).

Algumas lendas indicam que ele marchou para além destas, chegando à Anatólia propriamente dita. Isso faz sentido, já que tribos hostis ocupavam as passagens através dessas montanhas, controlando, assim, as rotas de comércio para a Anatólia, a Armênia e o Azerbaijão, pelas quais os acádios recebiam seus suprimentos de estanho, cobre e prata.

A presença de tais tribos também pode explicar por que Sargão lançou suas expedições militares no sul, que teriam garantido rotas de comércio para esses mesmos metais no sudeste da Pérsia e em Omã. Esta, ou uma campanha posterior em território oriental, também teriam protegido o acesso ao lápis-lazúli oriundo do nordeste do Afeganistão. Esta pedra semipreciosa, cuja cor azul intensa era muito valorizada, podia ser polida para ser usada em contas, amuletos e incrustações para estatuetas. A extensão das expedições militares de Sargão ao sul é conhecida em mais detalhes. Conta-se que ele "lavou suas armas no mar"[21], isto é, no Golfo Pérsico.*

As conquistas de Sargão no sul se estenderam ao longo da costa nordeste do Golfo Pérsico, chegando até o estreito de Ormuz. Os registros de outra expedição contam que ele estendeu seu império pela costa sudoeste do golfo até Dilmun (atual Bahrain) e Magan (Omã). Tais feitos podem parecer extraordinários, mas continuam plausíveis. Afirma-se que Sargão manteve uma corte e um exército permanente de 5,4 mil homens, "que, todos os dias, faziam sua refeição diante dele".[22] Textos posteriores falam de Sargão navegando pelo Mar do Oeste (o Mediterrâneo) e chegando a Keftiu, ou Caftor, como é chamada na Bíblia. Em geral, considera-se que esta seja Chipre, ou, possivelmente, até mesmo Creta. O império de Sargão era tal que, segundo consta, ele teria declarado: "Agora, todo rei que queira se comparar a mim, que chegue a cada lugar aonde cheguei!".[23]

---

* Com o tempo, este se tornou um ritual dos governantes acádios, marcando o fim bem-sucedido de uma campanha ou guerra.

O Império Acádio

Como veremos, os líderes (e cidadãos) dos grandes impérios mais influentes tendem a abrigar sentimentos grandiosos similares, que ressoam através dos milênios, zombando dos que vêm atrás e, posteriormente, sendo zombados por eles. Esse paradoxo é, talvez, mais bem ilustrado pelo poema de Shelley sobre "Ozymândias, rei dos reis", que se gabava, "Desesperai, ó grandes, vendo as minhas obras!". Mas tudo que hoje restou dessas obras foi uma grande estátua quebrada e sua cabeça de pedra partida e semienterrada, para além da qual "areia ilimitada / se estende ao longe, rasa, nua, abandonada".* Sargão foi o primeiro Ozymândias.** E, ainda hoje, não se aprendeu a lição. Dos imperadores romanos a Napoleão, Hitler e outros, os sonhos de grandeza imperial continuam enraizados em um presente que se perpetua.

As cópias babilônicas de inscrições da era acadiana que são conhecidas até hoje afirmam que Sargão governou seu império por cinquenta e cinco anos (c. 2334-2279 a.C.). A extensão de seu território certamente visava mais do que a mera conquista e devastação, como no caso de Kazalla. Em muitas cidades, ele parece ter dispersado a população nativa, substituindo o governo local por administradores acádios. Igualmente, o governante anterior era executado e um representante de confiança era instalado em seu lugar. Com cidades devastadas como Kazalla, a população remanescente era assassinada ou escravizada, de maneira muito similar a como a Bíblia descreve os israelitas sendo levados ao cativeiro na Babilônia, mais de 1,5 mil anos depois.

Nas primeiras cidades sumérias conquistadas por Sargão, conta-se que ele colocou sua filha Enheduana como suma sacer-

---

* SHELLEY, P.B. *Ode ao Vento Oeste e outros poemas*. Trad. Péricles Eugênio da Silva Ramos. São Paulo: Hedra, 2009. p. 43. (N.T.)
** Na verdade, Shelley baseou seu poema no faraó Ramsés II, que governaria o Egito Antigo cerca de um milênio depois.

dotisa da deusa lunar Inana em Ur, e ampliou seu papel para o de suma sacerdotisa do deus do céu, Anu, na cidade vizinha Uruk. Enheduana evidentemente era apropriada para tais papéis e é conhecida por ter escrito uma série de hinos para esses deuses sumérios, que exerceram um papel significativo na conquista da população local para o governo de seu pai. Como tal, ela faz uma reivindicação notável:

> A filha de Sargão tornou-se a primeira autora identificável da história, e a primeira a expressar uma relação pessoal entre ela e seu deus.[24]

Estes são dois passos extremamente importantes em nossa individuação social. Até então, os adoradores se rebaixavam, temerosos, perante seus deuses. Enheduana se estabelece como mais do que uma mera sacerdotisa. Ela deseja ser considerada uma pessoa, uma interlocutora com os deuses. Ela fala com eles pessoalmente, contando-lhes o que está acontecendo em suas cidades. Quando um certo Lugal-Ane lidera uma rebelião em Ur, ela solicita a Inana que transmita uma mensagem a Anu, pedindo-lhe para corrigir esses erros e vir em seu auxílio:

> Sábia e prudente senhora de todas as terras estrangeiras,
> Força vital do povo fervilhante:
> Eu recitarei teu canto sagrado! [...]
> Lugal-Ane alterou tudo.
> Retirou Anu do templo de E-Ana [...]
> Ele postou-se ali em triunfo e me expulsou do templo.
> Fez-me voar pela janela qual andorinha;
> Minha força vital está esgotada. [...]
> Minha boca adoçada de mel tornou-se espumosa.
> Conta a Anu sobre Lugal-Ane e meu destino!
> Que Anu o desfaça para mim!

O Império Acádio

Observemos como Inana, inicialmente deusa da cidade de Ur, é chamada de "senhora de todas as terras estrangeiras", o que indica que seu domínio agora se estende por todas as conquistas de seu pai. A importância disso ficará clara mais tarde. De todo modo, as preces de Enheduana são atendidas, a rebelião é controlada, e ela recupera seu posto; então, dirige a Inana uma profusa elegia: "Minha amada senhora de Anu [...]".

No entanto, tal rebelião não foi um incidente isolado. À medida que Sargão envelhecia, seu controle sobre o império era visto como cada vez mais fraco. De acordo com uma crônica babilônica posterior: "Em sua velhice, todas as terras se revoltaram contra ele, e o cercaram em Ágade".[25] Mas Sargão ainda estava preparado para se erguer contra "todo rei que queira se dizer meu igual". De sua capital sitiada, lançou um contra-ataque furioso: "ele partiu para a batalha e os derrotou; ele os aniquilou e destruiu seu vasto exército". Mais tarde, as tribos nômades das colinas da Alta Mesopotâmia se ergueram contra ele e "atacaram com toda força, mas se submeteram às suas armas, e Sargão liquidou suas moradias, e as castigou gravemente".

Como veremos, esta tendência à revolta nas regiões fronteiriças do Império Acádio se tornaria uma característica regular quando um governante chegava à idade avançada. Sargão foi sucedido por seu filho Rimush, cuja ascensão foi recebida por mais uma revolta entre os sumérios e outra mais longe, na Pérsia. Embora Rimush tenha oprimido esses levantes, ele parece ter sido uma figura débil e impopular, e acabou perdendo a lealdade de seus próprios cortesãos. Em 2270 a.C., depois de nove anos de governo, "seus servos o mataram a golpes de tabuletas". Como comenta ironicamente o historiador francês do século XX, Georges Roux, isto "é prova de que a palavra escrita já era uma arma letal".

O sucessor de Ramish ao trono foi Manishtushu, cujo nome significa "Quem está com ele?". Roux propõe que isso denota que ele era irmão gêmeo de Ramish. Ele também parece ter nomeado a filha como suma sacerdotisa, o que indicaria que isso estava se tornando costumeiro. O principal acontecimento do reinado de Manishtushu foi uma grande campanha que ele liderou no sul do Golfo Pérsico:

> Manishtushu, rei de Kish [...], atravessou o Mar Baixo [Golfo] em navios. Os reis das cidades de ambos os lados do mar, trinta e dois deles se reuniram para a batalha. Ele os derrotou e subjugou suas cidades; derrubou seus senhores e ocupou todo o país, até as minas de prata. As montanhas além do Mar Baixo – suas pedras, ele levou; e fez sua estátua [...]

As rotas de comércio no sul foram reabertas, dando acesso a metais e a lápis-lazúli. Isso foi muito bom, pois a essa altura os territórios ao norte do império haviam escapado do domínio acádio, suas terras sendo dominadas por vizinhos hostis.

Após um governo de catorze anos, Manishtushu seria sucedido pelo filho, Naram-Sin, cujo nome significa "Amado do [povo de] Sin". Ele se mostraria um grande governante, nos moldes do avô; e seu reinado de 36 anos (2254-2218 a.C.) inspirou muitas lendas acerca de sua grandeza. Tendo herdado o título de "rei de Ágade", Naram-Sin posteriormente acrescentaria "rei das quatro regiões (do mundo)" e finalmente ascenderia a "rei do universo": seu nome escrito era precedido pela estrela, o ideograma para "deus", que em sumério é lido como *dingir* e em acádio, como *ilu*.

Isso nos leva à difícil questão da língua. Embora tanto os acádios como os sumérios fossem povos semitas, eles falavam línguas marcadamente diferentes. Foi Sargão quem introduziu o acádio como língua oficial da administração do governo e do comércio imperial. O acádio é a primeira língua semítica da qual temos indícios escritos, e seus principais dialetos parecem ter sido o babilônio e o assírio. No entanto, o sumério original continuou sendo a língua religiosa e cerimonial. Isso foi possivelmente porque os acádios tendiam a adotar os deuses dos territórios conquistados, mas ao mesmo tempo nomeavam mulheres da família real como suas sumas sacerdotisas para garantir lealdade religiosa.

Essa transformação da língua acádia significou que ela se tornaria a língua falada em todo o império. Por outro lado, alguns estudiosos insistem que o sumério foi retido, e que o império acádio viu o "bilinguismo disseminado". Como vimos, o sumério era uma "língua isolada", ao passo que o acádio era uma língua semítica oriental – um dos seis grupos na língua semítica como um todo, que se espalhou pelo Levante, Oriente Médio, Península Arábica e região abissínia.

O uso generalizado do acádio e do semítico oriental em todo o império acádio levou ao "empréstimo estilizado em escala substancial, rumo a uma convergência sintática, morfológica e fonológica".[26] De fato, o acádio permaneceria a língua franca em toda a região até um milênio depois, quando veio a ascensão do aramaico (a língua falada por Cristo). Ironicamente, tanto o acádio como o semítico oriental acabaram se tornando extintos, ao passo que as línguas semíticas como um todo evoluiriam e seriam amplamente usadas em línguas tão distintas como o fenício, a língua púnica de Cartago, bem como o árabe, o amárico (etíope) e o hebraico.*

A administração imperial era financiada por impostos cobrados das cidades-Estado vassalas, os quais também eram

---

* O hebraico antigo falado caiu em desuso por volta de 300 a.C., e seu uso permaneceu apenas em forma escrita na Bíblia e na religião. Foi revivido em sua forma moderna no início do século XX pelo estudioso de origem russa Eliezer Ben Yehuda, e se tornou a língua oficial do Estado de Israel.

necessários para manter as tropas acádias. A dominação era mantida também por meio do monopólio real sobre o comércio exterior, bem como da concessão de propriedades em territórios conquistados àquela que podemos descrever como aristocracia acádia. Esta era composta principalmente por ex-comandantes militares e administradores de confiança, que também seriam premiados com escravos oriundos de outras cidades conquistadas. Isso tinha a vantagem adicional de dispersar os membros de um possível grupo que poderia tentar derrubar o governante supremo.

O poder do governante imperial era reforçado por sua elevação a status divino. Isso tinha o efeito de aumentar seu carisma pessoal. Esta relação entre carisma e liderança seria uma característica recorrente dos impérios. Os imperadores seriam descendentes dos membros divinos de sua família, assumindo, assim, a deidade. Os meros mortais que tremiam na presença de seus imperadores divinos jamais podiam escapar de sua sina, nem mesmo após a morte.

Uma das grandes invenções dos antigos acádios foi o calendário de Sargão, que era usado em todo o império. Sargão nomeava cada ano com base em alguma coisa importante que tivesse acontecido no ano anterior, e esta se tornou uma tradição:

> O ano em que Sargão foi a Simurrum,
> O ano em que Naram-Sin *derrotou...*
> e derrubou cedros no monte Líbano.[27]

Desse modo, todos os registros das cidades estavam sincronizados com os da Acádia. Antes disso, cada cidade funcionava de acordo com seu próprio calendário – embora, em alguns casos, os acontecimentos religiosos coincidissem devido ao fato de que suas datas coincidiam com acontecimentos astronômicos, como o equinócio. Além de seu valor prático, o calendário de Sargão era o símbolo mais óbvio de uma assimilação imperial mais ampla.

O Império Acádio

Antes de ser conquistada, cada cidade suméria usava seu próprio sistema de pesos e medidas, bem como distâncias. Sob Sargão e os governantes posteriores, essas medidas foram padronizadas em toda a Mesopotâmia.* Isso consolidou ainda mais o domínio acádio, ajudando a estabelecer um modo de vida comum entre os povos súditos. Além disso, tamanho foi o sucesso deste sistema que estas "unidades [...] que se manteriam como o padrão por mais de mil anos".[28]

Perto do fim do reinado de 36 anos de Naram-Sin, ele se tornou "aturdido, confuso, imerso na melancolia, triste, exausto".[29] Os levantes típicos de fim de reinado parecem ter acontecido nas províncias fronteiriças, mais notadamente entre os poderosos lullubis, na Pérsia. A maioria das inscrições registra que Naram-Sin foi vitorioso nessas batalhas, mas este talvez seja um retrospecto otimista. Outras inscrições (supostamente incompletas) falam de derrotas, com Naram-Sin só conseguindo se defender em Ágade, seu último reduto. De qualquer forma, não há como negar que Naram-Sin foi "o último grande monarca da dinastia acádia". Sua primeira vitória notável sobre os lullubis é comemorada em uma bela escultura em alto relevo, que ainda pode ser vista numa rocha perto do topo de uma montanha no atual Irã, em Darband-i Gawr (Passo do Pagão).

De maneira ainda mais pertinente, ele também é retratado em uma magnífica estela da vitória, que foi descoberta em Susa, no norte do Golfo Pérsico. Esta foi merecidamente descrita como "uma obra-prima da escultura mesopotâmica". Além de seu retrato em relevo de figuras humanas realistas e surpreendentemente vívidas, tem uma série de características importantes. Por exemplo, Naram-Sin é retratado como sendo quase duas vezes mais alto que as outras figuras humanas abaixo

---

* Mesopotâmia é, de fato, a palavra grega posterior para essa região e significa "a terra entre dois rios", isto é, o Tigre e o Eufrates.

dele, e está usando um capacete com dois chifres, um símbolo de sua divindade. (Posteriormente, este se tornaria símbolo de uma deidade de ordem inferior; sendo uma deidade de ordem superior, seu capacete teria quatro chifres.)*

Tais levantes típicos de fim de reinado nos permitem fazer algumas deduções. Como observou o autor Paul Kriwaczek, do século XX:

> Os impérios baseados exclusivamente no poder e na dominação, mas que permitem que seus súditos façam o que querem, podem durar séculos. Os que tentam controlar a vida cotidiana do seu povo são muito mais difíceis de sustentar.[30]

Tais considerações certamente ajudam a explicar a brevidade deste primeiro império, que durou menos de dois séculos.** A imposição acádia de deuses estrangeiros às cidades conquistadas parece ter sido apenas a manifestação visível de um controle comunal mais rígido. Ainda assim, outros fatores certamente devem ter contribuído. Para começar, o simples fato de que essa criação humana extremamente complexa era uma novidade decerto tornava mais difícil mantê-la. Por mais óbvio que possa parecer, sempre devemos ter em mente a absoluta dificuldade apresentada pelo fato de que os acádios não tinham um modelo para o que estavam fazendo. Foram obrigados a criar as regras à medida que avançavam.

Após a morte de Naram-Sin em 2218 a.C., ele foi sucedido pelo filho, Shar-kali-sharri ("rei de todos os reis"), que governaria

---

* A estela de Naram-Sin pode ser vista no Louvre, em Paris.
** Para contextualizar: tal período constitui cerca de metade da duração do Império Britânico e é equivalente a todo o Império Britânico em seu auge.

durante os 25 anos seguintes. Shar-kali-sharri parece ter presidido em um período de revoltas provinciais quase contínuas, inclusive uma liderada pelo governador de Elam, que fora nomeado por seu pai. Em 2193 a.c., Shar-kali-sharri seria assassinado em uma revolta no palácio, na qual o império submergiu na anarquia. A Lista de Reis Sumérios, que foi compilada por volta de 2100 a.c., fala de maneira evocativa acerca desse período: "Quem foi rei? Quem não foi rei?".

As escavações realizadas no fim do século XX indicam que de *c.* 2220-2000 a.c., toda a região do leste do Mediterrâneo passou por uma drástica mudança climática, ocasionando secas e fome. Durante esse período, regiões férteis no Sinai se tornaram desertos, e os indícios arqueológicos mostram que "praticamente todas as aldeias e cidades [...] palestinas foram destruídas por volta de 2200 a.C. e ficaram abandonadas por cerca de dois séculos".[31] Alguns apresentam uma explicação sensacional para essa mudança climática: "Fotografias aéreas do sul do Iraque revelaram uma depressão circular de três quilômetros de diâmetro com as marcas clássicas de uma cratera de meteoro".[32] Isso possivelmente explicaria os indícios arqueológicos recentes de que, em alguns sítios, "a construção parecia caminhar bem quando, como que da noite para o dia, todo o trabalho cessou de repente".[33]

De todo modo, essa mudança marcou o fim do Império Acádio, considerado por muitos "o primeiro império do mundo".[34]

No entanto, nem todos concordam com essa afirmação. O acadêmico italiano do século XX Mario Liverani insiste veementemente: "De maneira alguma o império acádio é uma novidade absoluta [...] 'Acádia, o primeiro império' é, portanto, sujeito a crítica não só com relação ao adjetivo 'primeiro', mas principalmente com relação ao substantivo 'império'".[35] Liverani argumenta que antes os sumérios desenvolveram "Estados proto imperiais", acrescentando, de maneira um tanto anômala, que o termo "império" com relação aos acádios é "simplista".

Esse argumento é convincentemente contrariado por Kriwaczek, que assinala uma transformação fundamental que aconteceu com o "primeiro império": "Até esse momento, a civilização se baseara na crença de que a humanidade fora criada pelos deuses para seus próprios fins [...] Cada cidade era criação e morada de determinado deus".[36] Com as conquistas de Sargão, tudo isso mudou. Foi assim que Inana, deusa da cidade de Ur, passou a ser chamada por Enheduana, filha de Sargão, de "senhora de todas as terras estrangeiras". Os deuses e deusas dos governantes se tornariam os deuses e deusas supremos de todo o Império Acádio.

O mundo acádio testemunhou a proliferação, embora nem sempre a origem, de muitas das características da civilização antiga. Esculturas realistas sofisticadas foram esculpidas em relevo sobre estelas de pedra, ou cinzeladas em relevo em cilindros, que, quando rolados, deixavam uma impressão na argila. De maneira similar, a prata extraída das minas nos postos avançados do império era fundida e moldada em lingotes. Estes eram, então, gravados com um nome (o selo de aprovação) e peso; desse modo, eram usados para o comércio: um protótipo de dinheiro, garantido pelos primeiros banqueiros do mundo.

Os acádios também construíram os primeiros zigurates: estruturas piramidais escalonadas e assimétricas, com topo plano e templos no cume. A própria palavra zigurate é uma forma anglicizada do acádio original "ziqquratu", e, na época, um dos maiores destes seria um zigurate babilônico com noventa metros de altura chamado Etemenanki. Embora essa estrutura enorme hoje esteja reduzida a nada além de escombros, seu nome significa "templo da fundação do céu e da terra", confirmando que estes foram os edifícios que deram origem à lenda da Torre de Babel. Embora, até hoje, nenhum templo tenha sido encontrado no cume de um zigurate sobrevivente, nós sabemos de sua existência.

O IMPÉRIO ACÁDIO

O Zigurate de Ur, que tem trinta metros de altura. Sabe-se que algumas de tais estruturas têm três vezes esse tamanho.

Heródoto descreve a mobília do santuário no topo do zigurate na Babilônia e afirma que continha um grande leito de ouro, no qual uma mulher passava a noite sozinha.[37] Conta-se, também, que o deus Marduk vinha dormir em seu santuário. Assim, o filho do deus descendia de um deus e de uma mulher humana, um primeiro exemplo da narrativa que persistiria através de Zeus nos mitos gregos e chegaria à era cristã.

As especulações sobre as origens precisas dos zigurates são igualmente intrigantes. Alguns afirmam que eles representam uma montanha sagrada, uma memória popular da terra suméria original, que, de acordo com algumas fontes, era "as montanhas do nordeste". Isso sugere a cordilheira de Zagros, que ocupa o oeste da Pérsia e margeia o Crescente Fértil. Uma sugestão igualmente plausível, que de maneira alguma contradiz o mito da montanha, é a de que esses zigurates foram erguidos para proteger os templos das cheias sazonais, algumas das quais podiam ser extremas.

Conforme sua arquitetura se desenvolveu, não há dúvida de que eles eram concebidos para se tornar cada vez mais assombrosos e sinistros para as pessoas comuns reunidas abaixo. As escadarias complicadas incluídas em seu projeto tornavam fácil defendê-los de intrusos, ao mesmo tempo que evitavam que espiões seculares descobrissem os segredos das cerimônias e dos rituais de iniciação do templo. Mais uma vez, ecos de tais práticas chegaram até nós nos mistérios eleusinos dos gregos antigos, em sacrifícios rituais posteriores de muitos tipos, e remanescentes podem ser detectados inclusive nos altares das igrejas cristãs.

Somente os sacerdotes eram autorizados a subir ao topo dos zigurates, e um de seus deveres era observar os movimentos das estrelas nos céus noturnos. Aqui, a astronomia estava certamente entrelaçada com a astrologia: posteriormente, a compreensão astronômica dos movimentos dos planetas desenvolvida por esses sacerdotes permitiria que os babilônios previssem com precisão eclipses solares que ocorreriam muitos séculos depois. Eles usaram técnicas geométricas avançadas que só seriam redescobertas na Europa no século XIV d.C.

Sequência

O que se originou com os acádios seria desenvolvido pelos babilônios, que deram ao mundo outros traços característicos de antiga civilização e império. De grande importância foi o Código de Hamurabi, o conjunto de leis escritas mais antigo do mundo. Foi inscrito em acádio em uma estela de mais de dois metros de altura datando de cerca de 1754 a.C., durante o reinado do rei babilônico Hamurabi. Contém 282 leis, cobrindo aspectos da vida civil que vão de calúnia a roubo e divórcio, bem como o célebre princípio jurídico parafraseado como "olho por olho, dente por dente [...]".

O Império Acádio

Enquanto isso, cerca de 1,1 mil quilômetros a oeste da Babilônia, um império paralelo estava se desenvolvendo na forma de Egito Antigo. Aqui, também, uma civilização desenvolveu suas próprias características similares, embora distintivas, como as pirâmides, o governo sucessivo de reis divinos faraônicos e a escrita hieroglífica – nesse caso, sobre papiro. Os egípcios também desenvolveram sua própria forma de matemática, mais prática, mas igualmente impressionante. Todos os anos, a cheia do Nilo recuava, deixando áreas alagadiças que tinham de ser divididas em lotes de terra que correspondessem precisamente àqueles ocupados antes da cheia. Isso levou a uma matemática envolvendo frações algébricas extremamente complicadas (ao passo que a matemática babilônica tinha uma tendência à precisão geométrica abstrata).

H.G. Wells, escrevendo há um século, afirmaria acerca desses impérios:

> Sabemos que a vida, para as prósperas e influentes populações de cidades como a Babilônia e a Tebas egípcia, já era quase tão refinada e luxuosa quanto a das prósperas e confortáveis populações de hoje.[38]

Isso é bem possível, mas sempre é bom ter em mente o conselho de P.J. O'Rourke: "Ao pensar nos bons velhos tempos, pense em uma palavra: odontologia".[39] Para além dessa arte dolorosa, vale considerar outro fato dentário importante. Os dentes das múmias do Egito Antigo (isto é, dos poucos felizardos descritos acima) são invariavelmente chatos. Isso, inicialmente, foi atribuído a razões evolutivas. Hoje, sabe-se que eles foram polidos pela quantidade de areia do deserto que não se podia evitar que entrasse na comida preparada. E, às dificuldades dentárias, podemos somar a expectativa de vida, doenças virulentas desfigurantes, a conformidade dolorosa requerida por tais sociedades... com um pouco de imaginação, sempre é possível aumentar essa lista.

Tais restrições se aplicarão, em maior ou menor grau, a todos os impérios, grandes e pequenos, antes e depois do Egito Antigo. É o éthos que pode ser promissor, instrutivo, inspirador e assim por diante – raramente os fatos concretos. Mas isso não deveria ser motivo de pessimismo. A história examina o passado e procura aprender com ele: não procura viver nele.

As influências egípcias se espalhariam para Creta, com influências babilônicas se dispersando pela Anatólia e pela Pérsia, ao passo que os fenícios transportariam tais ideias por todo o Mediterrâneo. Entre as cidades-Estado falantes de grego que ocupavam as ilhas e a costa do mar Egeu, isso produziria uma transformação. De maneira peculiar, a civilização grega antiga era fragmentada, ao passo que seu conhecimento era divorciado da religião. Libertado de uma hierarquia imperial e religiosa abarcadora e opressora, o pensamento individualista floresceu, dando origem ao que hoje entendemos por civilização ocidental.

Objeto	hebraico	egípcio	fenício	grego antigo	romano
cabeça de boi	Alef				A
casa	Bet				B
alegria	He				E
mão	Kaf				K
água	Mem				M

cobra	Nun	~	↑	↑	N
olho	Ayin	👁	O	o	O
foz	Pe	⌒	⌐	⌐	P
dentes	Xime	ω	W	⌇	S

Exemplos de evolução do alfabeto.

A filosofia, a democracia, os direitos dos cidadãos, a perfeição da escultura realista, a arquitetura, a ciência, a tragédia, a comédia... a lista continua. Tal liberdade individual criativa (com a exceção das mulheres e dos escravos) se tornaria um modelo para a civilização ocidental. Uma vez que essa linha de mentalidade se consolidou, jamais seria eliminada da evolução humana no Ocidente. Nos 2,5 mil anos seguintes, sobreviveria à tirania, ao terror estatal, aos impérios, ao barbarismo, e até mesmo a séculos de estagnação intelectual. No entanto, desde o início, esta característica mental se mostraria ineficaz para combater o poder físico. Apesar de todas as suas glórias, o mundo grego rapidamente sucumbiria ao poder militar do Império Romano em expansão.

Apesar de tais desdobramentos radicais, não houve uma ruptura clara com os impérios anteriores. Possivelmente, isso é ilustrado de maneira mais significativa por uma linha de continuidade inconfundível na evolução da escrita alfabética, que pouco a pouco substituiu sistemas de escrita cuneiformes como o acádio e o babilônio.

2

O Império Romano

O mito fundador de Roma é repleto de ecos familiares. Uma virgem vestal chamada Reia Sílvia, uma das sacerdotisas que mantinham a chama sagrada, foi seduzida por Marte, o deus da guerra. Quando ela deu à luz os gêmeos Rômulo e Remo, estes foram colocados numa cesta de junco, que foi levada pelo rio Tibre. Os gêmeos foram resgatados por uma loba, que os lambeu. Mais tarde, Rômulo mataria Remo (assim como Caim da Bíblia matou Abel) e, em 753 a.c., fundaria a cidade batizada em sua homenagem no monte Palatino, sobre o rio Tibre.

Para encorajar o crescimento deste novo povoado, seu rei, Rômulo, acolheu colonos, dando refúgio a fugitivos e escravos. A maioria desses colonos eram homens jovens, então Rômulo convidou os sabinos, uma tribo vizinha, para um festival no qual os romanos raptaram e violaram as jovens sabinas. Consequentemente, os romanos se viram submersos em uma série de guerras contra tribos vizinhas a fim de garantir a continuidade de sua existência. Para auxiliá-lo em seu governo, Rômulo nomeou cem anciãos. A palavra latina para ancião é *senex*, e este grupo ficou conhecido como o Senado, uma instituição que sobreviveria durante toda a era do Império Romano.

Como veremos, estes primeiros mitos contêm, em forma embrionária, uma estranha semelhança com muitos dos elementos fundamentais que caracterizariam o Império Romano. Em particular, a crueldade e a agressão. O militarismo seria central à estrutura social de Roma – primeiro, permitindo que sobrevivesse e, depois, que prosperasse. De todos os impérios que descreveremos, é o romano que lança a sombra mais duradoura sobre a história subsequente. De fato, alguns elementos persistiriam na própria perpetuidade com a qual todos os impérios sonharam. Até hoje, a representação tradicional da loba lambendo os bebês Rômulo e Remo permanece uma imagem icônica na cidade de Roma. E, mais de 1,5 mil anos depois da queda da Roma Antiga, seu orgulhoso acrônimo, SPQR (*Senatus Populusque Romanus*: "O senado e o povo de Roma"), continua sendo o emblema oficial da municipalidade, visível em tudo, das tampas de bueiros aos cestos de lixo nas calçadas.

Uma tampa de bueiro na Roma atual.

É claro, a cidade – que se espalharia do monte Palatino para as tradicionais sete colinas de Roma – também está repleta de monumentos a seu antigo passado imperial: ruínas, sítios completos, estradas, aquedutos e assim por diante. O mesmo é válido em praticamente todo o território que um dia pertenceu ao império, que, em um tema recorrente, seu poeta Virgílio chamou de "Império sem limite". Os remanescentes se estendem por toda a Europa e além, da Muralha de Adriano, perto da fronteira da Escócia, ao Arco do Triunfo de Palmira, nas margens do Deserto da Arábia (na atual Jordânia). E a mais difundida de todas, a língua latina, que continua mais ou menos reconhecível nas muitas línguas que evoluíram a partir da língua materna original – tais como o italiano, o espanhol, o francês, o romeno, e uma parte considerável do inglês. Tantas palavras em todas essas línguas seriam facilmente discerníveis para um romano antigo culto.

E há os sistemas jurídicos, os pesos e medidas, os banhos municipais, a arquitetura – para citar apenas algumas influências formativas. Por exemplo, Peter Charles L'Enfant, o engenheiro militar francês que originalmente projetou Washington DC no início dos anos 1790, pretendia que os edifícios de seu governo lembrassem uma Roma neoclássica.

Desde os primeiros anos, o povo de Roma e seus senadores adotaram uma constituição, que consistia em um conjunto de princípios não escritos estabelecido principalmente por meio de precedentes. Pelo menos em teoria, o rei era nomeado pelo senado. E a constituição continha muitos elementos que permanecem o *sine qua non* das constituições nacionais até os nossos dias, i.e., a noção de freios e contrapesos para garantir que nenhum grupo de poder possa obter influência indevida.* Além disso, havia a separação de poderes, como a independência entre governo e justiça, religião e Estado, e assim por diante. E, talvez o mais importante, a noção de impeachment, pelo qual a legislatura podia fazer uma acusação formal contra seu líder.

O rei era acompanhado de uma guarda armada de lictors, cada um deles carregando fasces, um feixe de varas amarradas em torno de um machado. Este símbolo de poder reverberou através dos séculos, aparecendo no reverso da moeda de dez centavos norte-americana do período que antecedeu a Segunda

---

* O termo em itálico, que significa "sem o qual não" (essencial), e a abreviação "i.e." para *id est* ("isto é"), indicam quão intacto o latim permanece em nosso idioma até hoje.

Guerra Mundial, bem como no símbolo do Senado dos Estados Unidos. Também deu seu nome ao termo moderno fascismo. Durante o período inicial do Reino de Roma (753-476 a.c.), a cidade dominou gradativamente a poderosa civilização etrusca, que ocupava a faixa de território ao norte de Roma, atravessando toda a Toscana, e ao sul, até onde hoje se encontra a cidade de Nápoles. Quando o sétimo rei, Tarquinius Superbus (Tarquínio, o Soberbo), tentou instituir uma monarquia hereditária, os reis foram destronados e o senado estabeleceu uma república (de *res publica*: a "coisa pública"). Esta era governada pelo senado, agora expandido para várias centenas de patrícios (famílias de classe alta), que nomeavam dois cônsules, os quais ocupavam o cargo por um ano cada um. A república também incluía uma assembleia de tribunos, eleitos pelos plebeus (as pessoas comuns). Esta câmara baixa podia propor leis a serem votadas pelo senado. Tal estrutura de governo bicameral é, até hoje, uma característica das democracias.

Os cônsules frequentemente se tornavam comandantes militares, liderando o exército em épocas de guerra. Conforme o poder romano se expandiu pelo sul da Itália e pela Sicília, logo se deparou com o povo fenício, que controlava o Mediterrâneo a partir de sua capital, Cartago, na atual Tunísia. Isso resultaria em uma guerra por nada menos que o controle do Mediterrâneo – para todos os fins, o mundo civilizado tal como o conheciam. O subsequente conflito titânico contra os cartagineses prosseguiria por mais de um século e ficou conhecido como as Três Guerras Púnicas (264-146 a.C.). Foi durante a segunda dessas guerras que o general cartaginês Aníbal liderou seu exército, incluindo elefantes de cavalaria, pelos Alpes "impenetráveis". Sua invasão surpresa causou estragos por toda a Itália durante quinze anos e, em certo momento, sitiou a própria Roma.

Os romanos também foram atacados pelos greco-macedônios ao leste. Pouco mais de um século antes, o líder macedônio,

Alexandre, o Grande, havia conquistado a Anatólia, o Egito e a Pérsia, chegando até as margens do Indo. Este vasto império, de vida curta, ruiu após a morte de Alexandre, finalmente se desintegrando em mais de meia dúzia de Estados separados. Ainda assim, os macedônios continuaram sendo uma força de combate formidável.

Felizmente, os romanos eram liderados por Públio Cornélio Cipião, o único estrategista militar da época à altura de Aníbal. Cipião liderou uma invasão da África do Norte, que atingiu Cartago, e, em 202 a.c., derrotou Aníbal na Batalha de Zama. Cartago pediu paz, e daí em diante o general romano vitorioso ficou conhecido como Scipio Africanus (Cipião Africano), por sua importante vitória na África do Norte, que salvara o império e o levara a se tornar cônsul.

Durante as Guerras Púnicas, o poder romano começou a se expandir pela Espanha, África do Norte e sul da França, e, talvez o mais importante, para a Grécia. Nesse momento, a Grécia era tida como uma civilização superior à dos romanos, tanto em termos culturais como, possivelmente, militares. O segredo do sucesso militar sem precedentes de Alexandre, o Grande, fora a falange grega. Basicamente, esta consistia em uma linha impenetrável de soldados com escudos dispostos lado a lado, que avançavam empunhando espadins. Atrás deles havia uma linha similar de soldados com lanças mais longas, que ultrapassavam os escudos da linha de frente. Protegida por formações de cavalaria em cunha, esta se mostrou uma força irresistível.

Então, em 197 a.c., o exército romano invasor entrou em conflito com o exército grego defensor na Batalha de Cinoscéfalos. Os soldados greco-macedônios superavam os romanos em número, mas foram impedidos por nevoeiros e pelos flancos vulneráveis de suas falanges. A falange macedônia não era páreo para as legiões de romanos mais manobráveis, os quais eram apoiados por cavalaria, incluindo vinte elefantes de guerra. (Os romanos haviam aprendido com os cartagineses: os elefantes eram irrefreáveis e aterrorizavam até mesmo as mais sólidas formações de infantaria.) Desse momento em diante, as legiões de romanos se mostrariam praticamente invencíveis, até que chegaram às extremidades da Gália (França); às tribos germânicas do Reno, que desapareceram em suas florestas e evitaram batalhas fixas; e aos pictos do norte da Britânia, onde, segundo a lenda, a famosa Nona Legião (de 5 mil homens) marchou para o norte em meio aos nevoeiros da Caledônia, para jamais voltar, e nenhum vestígio deles foi descoberto até hoje.

A história da Roma Antiga normalmente é dividida em três eras distintas. Como vimos, o reino inicial deu lugar à república em 476 a.C. Foi durante a era republicana, os 450 anos seguintes, que Roma se expandiu até se tornar um império. Cada vez mais, o caráter republicano de Roma seria ameaçado durante esses anos. Isso é mais bem ilustrado pela situação social da própria Roma. No início, as famílias patrícias governantes e os plebeus pareciam viver em relativa harmonia.

Isso se deveu, em grande medida, a um sistema de patrocínio conhecido como *clientia*, pelo qual os "patronos" da classe alta cuidavam da "clientela" da classe baixa. Tal patrocínio tipicamente incluía emprego, proteção, apoio à candidatura do cliente a um cargo político, e assim por diante – com apoio recíproco para os patronos. Este último indica um importante aspecto mútuo deste arranjo. Os patronos podiam empregar multidões de apoiadores, que vociferavam por um cargo político para seu cliente. Quanto mais clientela um patrono tinha, maior o seu prestígio.

À medida que o império se expandia, mais escravos eram despachados para Roma, e esse arranjo de patrocínio esteve sob pressão. Os plebeus empregados em tarefas subalternas já não eram necessários. Os proprietários de terras tomaram escravos para fazer seu trabalho agrícola, e cidadãos importantes inclusive tomaram escravos educados como escrivães. Em um avanço paralelo, os governadores de províncias do novo império ficaram cada vez mais ricos. O Egito e o interior cartaginês da África Proconsular (África Antiga) forneciam suprimentos de cereais cada vez maiores e mais lucrativos.*

Mais significativo foi o poder cada vez maior conferido aos comandantes bem-sucedidos, os quais começaram a expandir o império, além de lidar com os problemas e as revoltas que surgiam. Entre as legiões, um aspecto da *clientia* continuou a florescer. Para evitar conflito de interesses, os legionários estrangeiros eram invariavelmente colocados longe de sua terra natal. (A Nona Legião, que desapareceu na Caledônia, era formada por soldados hispânicos.) Consequentemente, os legionários se sentiam cada vez mais ligados a seu comandante, e sua lealdade era investida no homem que os liderava e os premiava com butim, e não nos governantes na Roma distante. O comandante de uma legião (*legatus*) ocupava esse cargo por até quatro anos, muitas vezes passando a um governo provincial, onde conseguia acumular uma fortuna considerável. Os comandantes carismáticos passaram a ver seus soldados como seus próprios homens. Um deles foi Júlio César, cuja vida tem paralelos com os últimos dias da República.

Júlio César nasceu na nobreza em 102 a.C. Os romanos havia muito admiravam a educação grega, e, em 75 a.C., César estava a caminho de Rodes para estudar oratória quando foi

---

* Desenhos rupestres datando de 3000 a.C. indicam que o milhete e outros cereais eram cultivados em grande parte da região que é hoje conhecida como Deserto do Saara. Só gradualmente o deserto invadiu a terra arável devido, em parte, à escassez de água e às depredações de cabras. Mesmo durante os tempos romanos, a África do Norte continuou sendo "o celeiro do império", produzindo milhões de toneladas de cereais anualmente.

capturado por piratas do Egeu. Insultado com o baixo valor do resgate que os piratas exigiram para libertá-lo, ele jurou para eles que, ao ser solto, os caçaria e crucificaria – o que, de fato, fez. Por meio de conexões e habilidade, ele rapidamente ascendeu para se tornar um tribuno político. Durante o período em que serviu na Espanha, ele viu uma estátua de Alexandre, o Grande, o que o levou a perceber que, com sua idade, Alexandre governara o mundo. Isso instigou sua ambição já grandiosa.

Em 59 a.C., ele havia sido eleito cônsul (por meio de suborno). Mas, durante o período em que ocupou o cargo, ele procurou redistribuir terra entre os pobres. Isso era típico do caráter de César: ao mesmo tempo implacável e fiel às suas crenças.

Seu período como cônsul foi seguido de uma série de campanhas militares em que ele demonstrou estar à altura de qualquer outro comandante. Suas explorações incluíram a primeira invasão da Britânia (55 a.C.), a construção de uma ponte sobre o Reno, e uma série de campanhas finalmente vitoriosas contra os gauleses (58-50 a.C.). No decurso desta campanha acirrada, que incluiu a perda e o assassinato de uma legião romana, conta-se que César despachou nada menos que 100 mil escravos para Roma, o que ajudou a pagar as dívidas gigantescas que ele havia acumulado ao perseguir suas ambições.

Em 50 a.C., César recebeu ordens de dispensar seu exército e regressar a Roma para responder a acusações de insubordinação. Se César tivesse regressado sozinho, teria respondido a um processo criminal, com seus muitos inimigos clamando por sua morte. Em vez disso, ele marchou com sua Décima Terceira Legião de volta à Itália. Ao atravessar o Rubião (um rio no nordeste da Itália), ele entrou em território romano portando armas, um ato de traição do qual não havia como voltar atrás. Na guerra civil que se seguiu, ele perseguiu seu rival, Pompeu, até o Egito, onde capturou e matou seu inimigo. Lá, então, seguiu-se seu celebrado caso com Cleópatra.

Quando voltou a Roma, ele assumiu poderes ditatoriais. Sem demora, começou a instituir uma série de reformas extremamente necessárias, como redistribuição de terras, pensões para veteranos e, em 45 a.c., a introdução de um novo calendário. Conhecido como calendário juliano em homenagem a seu criador, este duraria 1,5 mil anos; ainda mantemos os mesmos nomes para os meses, sendo que o mês de julho recebe seu nome de Júlio César. Outras reformas incluíam a concentração de poder e o título de "ditador perpétuo" conferido a si próprio – um título honorífico que ele ostentaria por apenas um mês, antes de ser assassinado em março de 44 a.c.

O reinado de Júlio César foi um ponto de virada, sinalizando a agonia da República. Como homem, ele foi contraditório, salientando muitos dos melhores, e também dos piores, aspectos da Roma Antiga. Sua qualidade mais óbvia, mas muitas vezes ignorada, era sua inteligência aguçada. Esta era contrabalançada por sua vaidade, que abarcava toda a gama de seu *amour propre* – de jamais esquecer um insulto, à constante preocupação com sua calvície iminente. O que nos leva à sua vida amorosa. Apesar de ter tido três esposas e conciliado várias amantes mesmo em meio às suas campanhas mais prementes, ele também é conhecido por ter tido uma série de casos homossexuais, pelos quais sofreu nas mãos dos satiristas e dos fofoqueiros no senado.

As características mais notáveis de César eram a ambição insaciável e a megalomania crescente, que se equiparavam à sua crença nas virtudes simples dos primórdios de Roma: vigor físico e mental, virtude cívica e assim por diante. Ele acreditava em reformas que devolveriam a Roma essas primeiras glórias, uma causa que o enaltecia perante seus seguidores. Suas reformas o enalteciam perante as plebes e as classes médias, bem como uma parte considerável dos patrícios. Muitos, como o general Pompeu – que era igualmente carismático –, depois se voltariam contra ele, embora ainda tendo admiração por suas inúmeras habilidades. Estas incluíam uma perspicácia militar equiparável à de Cipião, bem como expertise política extremamente desenvolvida e calculista.

Ele também foi um excelente escritor, embora seu estilo fosse simples e direto: suas *Guerras gálicas* contêm descrições históricas precisas (e frequentemente autocentradas) de suas campanhas, e até hoje são estudadas como textos clássicos. Ele também estava ciente do elemento sorte. Os riscos que assumiu foram, quase sempre, muito mais do que riscos calculados: ele *desafiou* a Fortuna, a deusa da sorte. E certamente teria concordado com a observação de Napoleão: "Prefiro um general sortudo a um general brilhante".

Olhando para a história da era pré-romana, podemos ver que César tinha muitas das características dos governantes de impérios anteriores, sobretudo Alexandre. Olhando à frente, podemos identificar ecos inexplicáveis de sua vida e suas ações nos muitos que procurariam imitá-lo – tanto a sério (Napoleão) como de maneira risível (Mussolini).

Um período de instabilidade assolou o Império Romano, antes de Augusto tomar o poder em 27 a.C., como o primeiro imperador autodeclarado. Isso marca o início do terceiro período da Roma Antiga: o Império, que passaria por várias transformações antes de sua queda em 476 d.C. Ironicamente, as bases sólidas do Império Romano foram estabelecidas muito antes do período "imperial", que recebe este nome principalmente pelo fato de que era governado por um imperador.

O primeiro imperador, Augusto, era um filho adotivo de Júlio César, e ficaria conhecido como Augusto César. Um precedente havia se estabelecido: daí em diante, o imperador adotaria seu sucessor e lhe conferiria o nome de "César". O significado original deste nome é obscuro e controverso, mas talvez se refira ao nascimento de Júlio César por cesárea, da palavra latina *caedere*, "cortar" (supino: *caesum*). A partir dos imperadores romanos, o nome daria origem ao "czar" russo e ao "kaiser" alemão. As semelhanças com reis anteriores como o babilônio Baltazar e o acádio-babilônio Nabucodonosor caem no tipo de indícios históricos "quando muito, circunstanciais, se não inexistentes". Mas, conforme vimos, tais "teorias" sempre florescerão – com itens como a descoberta chinesa da Austrália e *Eram os deuses astronautas?**, de Erich von Däniken, fazendo aparições regulares.

O que é mais interessante, muitas teorias culturais fundamentais que, durante séculos, foram consideradas verdades manifestas, foram relegadas a essa classe "inexistente". Os terraplanistas e os alquimistas podem ter entrado em choque com a pesquisa científica, mas teorias mais plausíveis continuam vulneráveis a novos fatos descobertos, ou simplesmente a uma transformação de perspectiva cultural. Em 1969, o britânico Kenneth Clark, historiador de arte, apresentou aquela que, na época, foi considerada uma série de televisão definitiva chamada *Civilisation*. Quase meio século depois, uma série de programas com ambições igualmente grandiosas, apresentados por Mary Beard, Simon Schama e David Olugosa, seria intitulada *Civilisations*, no plural. Este trio – uma classicista erudita, um historiador de arte britânico de ascendência judaica e um acadêmico popular de origem britânica e nigeriana – ampliou seu escopo para muito além da tradição ocidental central à visão patrícia de Clark.

Sua nova visão de mundo incluía exemplos de cada continente habitado ao longo das eras. Aqui, também, houve uma transformação equivalente ao fim da era da terra plana. O plano bidimensional sólido e óbvio de uma única civilização ocidental progressista fora transformado em um globo tridimensional de

---

* Este autor suíço fez fama e fortuna ao afirmar que a religião e a tecnologia das civilizações antigas lhes haviam sido dadas por extraterrestres (considerados deuses) que chegaram em naves espaciais.

tradições multiculturais. A história sempre permanecerá fluida, aberta a novas interpretações – instigada pela descoberta de novos fatos, pela evolução de novos modos de pensamento.

No período do Império, estima-se que a cidade de Roma tinha entre 320 mil e 1 milhão de habitantes, ao passo que o império que governava cobria a área equivalente à Europa atual (embora não o território exato), contendo uma população de 50-90 milhões. A variação e inexatidão desses números é indicativa: de fato, a palavra "censo" deriva da palavra latina *censere* (estimar). Os cidadãos romanos e os estrangeiros que tinham a sorte de obter cidadania romana tinham uma série de privilégios – tais como o direito a voto, isenção de certos impostos, o direito a se defender em um processo judicial, e o direito de viver em Roma. As mulheres e os escravos não eram considerados cidadãos, embora seu número possa ter obscurecido as estimativas dos censos. As mulheres em idade fértil estavam quase permanentemente grávidas, e os bebês indesejados eram deixados nas esquinas.

Com razão se dizia que "todos os caminhos levam a Roma". As estradas romanas, tipicamente retas, espalhavam-se para as partes mais distantes do império. Mas também atraíam muitos a viajar para a maior cidade que o mundo já vira. Curiosamente, este centro urbano poderoso, na realidade, não produzia nada. Todos os produtos, de cereais a vinhos, de pregos a tecidos, tinham de ser importados – em sua maior parte, pelo porto de Óstia, cerca de trinta quilômetros a oeste da foz do Tibre. Lá, a carga chegava de todo o Mediterrâneo e além (cereais da África do Norte, estanho da Cornualha, seda da China via Levante); então, era transportado rio acima em barcas.

Quando a população de Roma começou a aumentar, foi necessário apaziguar as pessoas comuns, muitas das quais viviam em moradias abarrotadas e ficaram sem trabalho devido à escravidão. As autoridades adotaram uma política de *panem et circenses* ("pão e circo"). Isso incluía comida gratuita e entretenimentos regulares no Coliseu, que levou dez anos para ser construído (70-80 d.C.) e, em seu auge, segundo consta, acomodava mais de 80 mil espectadores. No Coliseu, ocorriam eventos como combates de gladiadores, malfeitores sendo atacados e devorados por animais selvagens, bem como *naumaquias* (imitações de batalhas navais) ocasionais. Estas últimas foram particularmente populares e são anteriores à construção do Coliseu.

As primeiras foram encenadas em 42 a.c. pelo próprio Júlio César, em uma grande piscina que ele mandou construir ao lado do Tibre, com cerca de 460 metros de comprimento por 270 metros de largura. Esta era uma "imitação" de batalha somente no sentido de que era encenada – e em grande escala. Várias dúzias de navios, incluindo trirremes (tripuladas por escravos de galera transportando três fileiras horizontais de remos de cada lado), se lançavam sobre seus adversários antes da luta corpo a corpo. O espetáculo inicial de César envolveu 2 mil "soldados" e 4 mil "escravos de galera". Tanto os "soldados" como os "escravos" consistiam em prisioneiros de guerra e criminosos condenados.

Tais espetáculos não só entretinham as massas, permitindo que dessem vazão à sua sede de sangue, como também as intimidavam. A vida não valia nada, e a autoridade era dura com os que caíam em falta. Compare tais entretenimentos com o teatro grego clássico, realizado em anfiteatros e assistido pela população de uma cidade-Estado. Ambas as formas tinham um elemento catártico, mas enquanto uma recontava mitos antigos de seu povo (Édipo e similares), a outra era uma demonstração de força bruta implacável. Uma encarnava arte, democracia e até mesmo sabedoria psicológica; a outra indicava uma autocracia cada vez mais rígida.

Podemos não conhecer as populações exatas de Roma e de outras cidades do império, mas, devido a uma das ocasiões mais estranhas da história, conseguimos formar uma imagem surpreendentemente precisa de como era a vida em tais lugares.

Em 23 de novembro de 79 d.c.*, o vulcão Vesúvio, no sul da Itália, entrou em erupção, cobrindo com cinzas vulcânicas a cidade vizinha de Pompeia e preservando-a praticamente intacta para a posteridade. Casas, pessoas, ruas, jarras de vinho, até mesmo cachorros – toda a agitação e a variedade da vida romana foram imobilizadas em um longo momento agonizante. Vemos imagens dos habitantes mais ricos nos afrescos perfeitamente preservados nos muros de suas vilas; podemos ouvir os boatos e escândalos espalhados por pessoas comuns nos grafites ("Restitutus esteve aqui", "Manuseie com cuidado" [ao lado do esboço de um pênis], "Timeu me engravidou"). Havia inclusive cartuns com balões de diálogo nos muros das tabernas. Podemos saber o que os habitantes bebiam, como os ricos comiam, como os cidadãos faziam suas necessidades em fileiras comunitárias de lavatórios abertos, as taxas de serviço cobradas nos bordéis. Toda vida humana está aqui.

Podemos deduzir das referências bíblicas que, provavelmente, as coisas foram só um pouco mais primitivas nas ruas da Babilônia antiga; da mesma maneira, aprendemos com o poeta francês do século XV, François Villon, que as coisas foram só um pouco mais sofisticadas nas ruas da Paris medieval. A julgar pelas taxas de mortalidade, a vida dos desprivilegiados em toda a Europa e região do Mediterrâneo permaneceu praticamente inalterada até o século XIX. Calcula-se que, durante a era babilônica, a expectativa de vida entre a população comum era cerca de 26 anos; de maneira similar, nos tempos romanos, era 25 anos e, durante a era medieval, trinta anos. Foi só na Inglaterra do século XIX que a expectativa aumentou para quarenta anos.

---

* No relato em primeira mão escrito alguns anos depois pelo advogado e autor Plínio, o Jovem, ele afirmou que a erupção aconteceu em 24 de agosto. Escavações recentes indicando as frutas secas e os vegetais de outono disponíveis nos mercados, bem como a roupa mais abrigada usada pelos habitantes na época, levaram os historiadores a reinterpretar a data de Plínio.

É certo que todos esses números são difíceis de medir e são extremamente controversos. Eles foram distorcidos pela inclusão das altas taxas de mortalidade infantil? Até que ponto se aplicavam às "pessoas comuns", em vez de à população como um todo? Aqui, mais uma vez, a noção de censo pareceria implicar um grande elemento de estimativa. Meu ponto é que, apesar das variações em população, pestes excepcionais, guerras e assim por diante, as condições de vida para os pobres permaneceram, durante a maior parte, pouco acima da linha de subsistência ao longo de todas essas eras.

Por outro lado, não há como negar que o Império Romano marcou um grande avanço na história humana. Enquanto os gregos antigos fizeram uma contribuição teórica fundamental, a contribuição romana foi, em grande medida, prática. Isto é, obviamente, uma grande generalização. A arquitetura grega, com seu epítome na Acrópole de Atenas, era admirável. Mas foram os romanos que incluíram o elemento prático definitivo (e contraintuitivo): a pedra angular, que ao mesmo tempo completava e mantinha unidas as pedras do arco, desafiando a gravidade. Esta grande invenção possibilitou a introdução de estradas retas mais longas, com pontes em arco, e, finalmente, aquedutos, alguns com mais de oitenta quilômetros de comprimento, muitas vezes sustentados por três fileiras de arcos empilhadas.

Dois mil anos depois, alguns desses aquedutos ainda estão em funcionamento: a Fontana di Trevi, na Roma atual, é abastecida com água do Aqua Virgo, um aqueduto construído pelo general galo-romano Agripa em 19 a.C. para abastecer os banhos públicos. Deste início bidimensional surgiria a magnificência da cúpula tridimensional, outra maravilha romana, que só seria emulada depois de quase mil anos após a Queda do Império Romano do Ocidente. Mas nem todas as práticas romanas foram um sucesso. A matemática grega foi uma criação sublime. Os números romanos, que praticamente eliminaram a possibilidade de divisão ou multiplicação, logo puseram fim à matemática teórica e a outros avanços matemáticos mais práticos.

Apesar de tais falhas, a mera organização requerida para administrar um império de tal magnitude continua a assombrar. Da Muralha de Adriano no norte da Inglaterra ao Arco do Triunfo de Palmira no Oriente Médio, são pouco mais de 4 mil quilômetros em linha reta, ou na estrada que os romanos desejariam ter construído. (Aproximadamente a mesma distância que de Miami a Los Angeles). Mas o império inteiro era administrado segundo os ditames de um único sistema centralizado.

Um antigo aqueduto romano.

A moeda era a mesma – baseada no denário de prata. Em épocas de escassez severa, o preço dos alimentos era gravado em pedra (literalmente) nos mercados do império, para evitar que os comerciantes cobrassem preços exorbitantes. A economia da oferta e da procura era vista pelos comerciantes como uma regra de ouro, mas suas implicações econômicas maiores raramente eram compreendidas pelas autoridades. Com tantas pessoas dependendo de uma oferta cujo nível era de subsistência, a economia falha da escravidão era irrelevante. (Pague os trabalhadores e eles gastam; assim, a economia cresce.) Por outro lado, o código legal romano evoluiria ao longo dos anos para um sistema de jurisprudência extremamente sofisticado. Nossa própria palavra deriva do latim: *juris*, *ius* (lei, direito) e *prudentia* (sabedoria ou conhecimento). O direito romano, das Doze Tábuas originais de 449 a.C. ao *Corpus Juris Civilis* (Corpo de Direito Civil) promulgado em 521 d.C., seria a base para vários sistemas jurídicos futuros. Sua influência e distinções são reconhecidas ainda hoje no marco conceitual de grande parte do direito ocidental.

Mas o Império Romano, no geral, não era um lugar feliz. Quando os imperadores começaram a assumir o manto da divindade e esperaram ser idolatrados como tais, a religião politeísta e um tanto supersticiosa herdada dos gregos pouco a pouco foi sendo exaurida de sua espiritualidade. O comportamento manifestamente profano de Tibério, Calígula, Nero e similares – hoje, como na época, sinônimos de depravação – levaram à crença em uma nova espiritualidade, isenta de qualquer conexão com o poder temporal. Não é por acaso que a crucificação de Jesus Cristo aconteceu durante o reinado de Tibério – ou que Nero tenha feito dos cristãos os bodes expiatórios para o Incêndio de Roma em 64 d.C. Mas essa "religião de escravos" secreta continuaria a florescer, até que finalmente o imperador Constantino se converteu, em 313 d.C.

Os últimos anos da República e os primeiros anos do Império veriam Roma em seu auge cultural. Embora os romanos não fossem páreo para a inteligência criativa dos gregos antigos, sua cultura certamente é um eco nobre, compensando em sofisticação o que talvez careça em originalidade. Para mencionar apenas alguns exemplos. O poeta Ovídio escreveu belos poemas de amor e sátiras obscenas, e foi banido para o mar Negro por seus problemas. O grande poema científico de Lucrécio, *De rerum natura* (Sobre a natureza das coisas), reintroduziu a ideia do filósofo grego Demócrito, a do átomo como parte indivisível da matéria (de *a-tomos*, "não divisível").

O médico grego Galeno, que exerceu sua profissão em Roma durante o século II d.C., estabeleceu um corpo de conhecimento médico que influiria por quase 1,5 mil anos. O filósofo e dramaturgo Sêneca escreveu tragédias que influenciariam Shakespeare; e também pregou a filosofia do estoicismo, tão popular entre os romanos cultos, com sua mensagem altruísta sobre como enfrentar a adversidade. Napoleão pode ter sido um grande admirador de Júlio César, mas se absteve de ler sobre a Roma Antiga, citando o excesso de pulsos cortados. O suicídio era prevalente entre os patrícios que perdiam seus direitos, sendo Sêneca o exemplo supremo: ele decidiu cortar os pulsos em vez de sofrer a desgraça pública da execução depois de ter sido acusado de conspirar contra Nero.

O declínio final do Império Romano começou perto do fim do século III d.C., e terminaria com os saques de Roma em 410, por Alarico, o Calvo. Este colapso longo e gradual foi atribuído às mais variadas razões – da decadência moral à debilitação gradativa devido ao envenenamento por chumbo vindo dos canos de água quente. Edward Gibbon, autor britânico do século XVIII que escreveu a renomada obra em seis volumes *Decline and Fall of the Roman Empire*, culpou o cristianismo. Dentre os muitos fatores que contribuíram, um se destaca: a migração em massa, por toda a Europa, de tribos guerreiras como os godos, os vândalos e os hunos. Ao que parece, um império acometido por guerra civil, peste e declínio econômico foi incapaz de resistir a eles.

Mas a queda de Roma não marcou a extinção do Império Romano. No século IV, o imperador Constantino havia mudado a capital para Bizâncio, que logo seria chamada de Constantinopla em sua homenagem (hoje, Istambul). Esta se separaria para se tornar o Império do Oriente, que conseguiu resistir quando as tribos germânicas e seus seguidores invadiram o resto do Império do Ocidente. O Império do Oriente pouco a pouco adotaria a essência, bem como o nome, de sua capital – tornando-se o Império Bizantino. O Império Romano, como tal, já não existia.

Sequência

"O que os romanos fizeram por nós?" A resposta a esta pergunta se tornou mais clara quando os romanos partiram, deixando para trás fortes dilapidados, extensões de aquedutos abandonados que iam do nada a lugar nenhum, vilas com pisos de mosaico em ruínas comprometidas por sistemas de aquecimento deficientes, e sacos com moedas de ouro enterrados que só viriam a ser descobertos na era dos detectores de metais.

Foi durante esse período, entre os séculos VI e VIII, que a falta de comunicação entre as províncias do antigo império fez com que o latim vulgar falado em todo o Império Romano se dividisse nas que ficaram conhecidas como línguas românicas, como francês, italiano e espanhol, que são faladas atualmente. O termo "Idade das Trevas" hoje é malvisto por historiadores sérios, mas evoca grande parte do período entre a Queda de Roma e o século X. Em vez disso, muitos escolhem chamar este período de "Antiguidade Tardia" ou "Idade Média Arcaica", preferindo fazer referência às duas eras que delimitam esses anos. Paradoxalmente, essa idade das trevas foi um período de estagnação cultural e migração em massa.

O movimento de povos havia começado com a migração dos hunos, tribos nômades do leste da Ásia, partindo das estepes rumo à Europa, a oeste. Isso desencadeou uma perturbação que se espalharia por todo o continente. Diante do avanço dos hunos, as tribos germânicas foram forçadas a deixar sua terra natal e a migrar para o sul. Em ondas, os godos (originalmente, da Suécia e do leste da Alemanha) se espalharam pelo Leste Europeu, dividindo-se entre os visigodos e os ostrogodos ao passarem pelo sul da Europa e pela costa da África do Norte. Os vândalos germânicos e protoeslavos se espalharam pela França, Espanha e África do Norte; ao passo que os hunos (da Ásia Central e do Cáucaso) migraram para a Hungria, a França e os Bálcãs. Mais tarde, os vikings (da Escandinávia) velejaram para atacar o litoral de todo o norte da Europa, finalmente chegando à Groelândia e ao Novo Mundo. Outros vikings desceram o rio Volga, cada vez mais como comerciantes, estabelecendo o estado de Rus antes de se aventurar pelo mar Negro para chegar a Bizâncio. Desse caos, em 800, Carlos Magno estabeleceu um Império Franco, que por um breve período dominou grande parte da Europa Ocidental. Enquanto isso, o Império Bizantino continuou a se expandir e a se contrair sobre a Anatólia e os Bálcãs. A essa altura, este remanescente do governo romano havia se tornado, tanto em termos culturais como linguísticos, um império predominantemente grego. A Roma Antiga, portanto, era agora apenas um ponto de referência na história.

Enquanto isso, o manto do progresso passava ainda mais para o leste. Os livros e os aprendizados dispersos da era clássica foram adotados e desenvolvidos por estudiosos árabes, em um segundo florescimento da civilização do Oriente Médio. Assim como o cristianismo receberia sua inspiração fundacional do histórico Jesus de Nazaré, o islã seria fundado pelo profeta Maomé. O islã reconhecia a si mesmo como a continuação das duas religiões monoteístas prévias do Oriente Médio: o judaísmo e o cristianismo. Os judeus Abraão e Moisés, bem como Cristo, eram todos vistos como profetas anteriores, predecessores do Último Profeta de Deus, Maomé. Mas aqui termina a semelhança. Maomé não era Jesus Cristo, e o império que ele fundou não se baseou em nenhuma "religião de escravos". O império de Maomé foi o império de uma nova religião fervorosa; e foi, desde o início, um império de conquista.

3
OS CALIFADOS OMÍADA E ABÁSSIDA

Para muitas mentes ocidentais, a imagem estereotípica dos califados árabes é exemplificada por Sherazade, a contadora de histórias condenada que conseguiu continuar viva fascinando o sultão de Bagdá por mil e uma noites. Tão mágicas e fabulosas eram suas narrativas que, ao fim de cada noite, o sultão postergava a execução para poder ouvir o final da história, que havia sido interrompida com o nascer do sol.

O nome Sherazade é de origem persa, e suas histórias de Ali Babá, Simbá, o Marujo, Aladim e similares abarcam todo o mundo oriental. Aladim, por exemplo, apesar do nome árabe (Ala ad-Din), é originário da China – ou, pelo menos, de uma versão árabe medieval dessa terra. E o mago que encontra Aladim vem da costa berbere da África do Norte, o território islâmico mais a oeste, a meio mundo de distância da China. A mistura de exotismo, antigas maravilhas e a ameaça sempre presente da morte cria uma imaginativa terra de sonhos, cujo vidro multicolorido tinge a radiância branca de sua realidade histórica.

Esta chegou até nós em palavras como álgebra, álcool e alquimia (que, apesar de seu objetivo ilusório, desenvolveu muitas das técnicas de laboratório e das distinções materiais da química moderna). Nessas palavras, o prefixo al-, como também em algoritmo, é a pista. Mas nosso idioma e nosso conhecimento estão marcados por uma variedade de outros empréstimos do árabe. Indo de almirante (Emir) a zero (que transformaria a matemática da Europa Ocidental), passando por café, algodão e cortiça, até gaze, soda e trânsito, a lista continua. Essa herança linguística denota a gama de avanços mais concretos legados pela era dos califados, quando, mais uma vez, o Oriente Médio liderou todas as civilizações do mundo.

A fim de compreender a lógica dos califados, devemos primeiro entender sua religião e a relevância de seu fundador. Maomé nasceu em uma família importante em Meca, no centro-oeste da Arábia, durante o "Ano do Elefante", que teria sido em torno de 570 d.c. Seu pai morreu antes de ele nascer, e sua mãe morreu quando ele tinha seis anos, deixando-o para ser criado por um tio paterno, Abu Talib, e sua esposa. Quando jovem, Maomé viajou como mercador para a Síria, e mais tarde se envolveu no comércio entre o oceano Índico e o Mediterrâneo, onde construiu reputação como um homem honesto e confiável, cujos conselhos frequentemente eram buscados na resolução de disputas. Mas ele também tinha um lado profundamente espiritual. Todos os anos, ele se retirava para uma caverna nas montanhas próximas a Meca para meditar e rezar.

Em 610 d.C., quando Maomé tinha quarenta anos, o anjo Gabriel apareceu para ele e lhe transmitiu versos que posteriormente se tornariam parte do Alcorão, um livro que viria a ser considerado a palavra de Deus. Mais tarde, Maomé começaria a pregar, de acordo com as revelações da palavra de Deus comunicadas a ele por Gabriel: "Deus é um só" e *islã*, "submissão". Isso foi um verdadeiro fracasso, já que os habitantes de Meca eram politeístas, e cada tribo tinha seu próprio deus ou protetor. Consequentemente, Maomé e seus seguidores migraram para Medina, cerca de oitenta quilômetros ao norte, em 622 d.C., que marca o primeiro ano do calendário muçulmano.

Lá, depois de liderar seus seguidores por vários anos de luta armada, Maomé reuniu 10 mil de seus homens e conquistou Meca. Em 632, ele regressou em uma última peregrinação a Meca, desta vez estabelecendo uma tradição conhecida como o *hajj*, a peregrinação anual a Meca, que deve ser realizada uma vez na vida por todos os muçulmanos adultos. Meses depois de seu retorno a Medina, Maomé faleceu, aos 62 anos. A essa altura, uma grande parte da península Arábica havia sido convertida ao islã.

O duro clima desértico da Arábia ditava uma vida simples, onde uma existência comunal coesa era essencial para a sobrevivência. A pureza, a lealdade e a adesão fervorosa a uma crença comum requeridas por tal vida seriam encarnadas nos Cinco Pilares de Sabedoria centrais à fé islâmica: *shahada* (professar que não há outro Deus além de Alá, e que Maomé é o mensageiro de Alá), *salat* (realizar uma prece ritual cinco vezes por dia), *zakat* (dar esmolas aos pobres), *sawm* (jejuar durante o mês do Ramadã), e *hajj* (fazer a peregrinação a Meca). Estes aparecem no hadith, palavras pronunciadas por Maomé, mas só registradas por escrito após sua morte. O Alcorão e o hadith formam a base da lei muçulmana, frequentemente conhecida como lei *xaria*.

Após a morte de Maomé, estabeleceu-se o Califado Rashidun, com seu líder (califa) sendo escolhido por uma consulta democrática entre os anciãos, ou de acordo com os desejos de seu predecessor. O quarto califa foi Ali, primo e genro de Maomé, o primeiro a ser um descendente consanguíneo do Profeta. Como tal, Ali é considerado sucessor legítimo de Maomé por todos os muçulmanos xiitas. (O nome xiita deriva de *Shiat Ali*, "partidários de Ali".) Os muçulmanos sunitas reconhecem seus três predecessores.

O Califado Rashidun (632-661) incluiria um período de 24 anos de rápida expansão militar, em que árabes muçulmanos concluíram sua conquista de toda a península Arábica, antes de se espalhar para o leste por toda a Pérsia. Os califados subsequentes dominaram territórios distantes como a Armênia e o Afeganistão de nossos dias, ao mesmo tempo que se espalharam para o oeste através do Egito e, posteriormente, do litoral da África do Norte, chegando à Tunísia. O que explica o sucesso dessa rápida expansão, que continuaria depois da morte de Ali em 661, e o consequente estabelecimento do Califado Omíada?

Os Califados Omíada e Abássida

O fator importante inicial foi a mudança de Maomé de Meca para Medina. Não por acaso este é considerado o ano um do calendário muçulmano. Ao se mudar de Meca, Maomé e seus seguidores afrouxaram as lealdades tribais e desenvolveram um forte laço comunitário, defendendo uns aos outros contra a hostilidade que encontraram por parte dos que acreditavam em outros deuses tribais. Logo ficou claro para Maomé que a agressão era necessária para a sobrevivência. Ao mesmo tempo, isso também ajudou a ganhar convertidos.

Para que o islã se tornasse mais do que um culto local em Medina, e realizasse a promessa da crença central em um único Deus, precisava se expandir. A crença em uma única deidade todo-poderosa considera todo aquele que acredita em deuses diferentes nada menos que um herege, que se opõe à única fé verdadeira e deve ser levado a enxergar seus próprios erros. Sendo um ex-comerciante, Maomé entendia bem a logística da sobrevivência econômica. Sua expansão inicial para além de Medina envolveu cortar as linhas de abastecimento das cidades desertas do interior, que dependiam das caravanas que vinham da costa.

Conforme crescia o número de convertidos à sua religião obstinada, crescia também a crença fervorosa em si mesmos. Repetidas vezes na história, veremos como um exército bem dirigido, motivado por uma crença em sua própria causa, que instila altruísmo e uma disciplina férrea, pode produzir uma força praticamente invencível. (Pouco mais de mil anos depois, um exército francês mal equipado, com soldados inspirados em uma crença na Revolução, conquistaria a Europa).

O Império Persa (Sassânida) remanescente e as longínquas fronteiras orientais do Império Bizantino não eram páreo para os árabes fervorosos, que rapidamente os absorveram, introduzindo sua língua e suas crenças nas novas terras. O governante Ali transferiria a capital do califado para Kufa, no Iraque, que tinha uma localização mais estratégica para governar o império em expansão. No entanto, no fim de seu califado de cinco anos, eclodiu uma guerra civil entre a facção sunita e a facção xiita de Ali, que o reconhecia como o único sucessor de Maomé, por meio da linhagem. Em 661, enquanto Ali estava rezando na Grande Mesquita de Kufa, ele foi assassinado. Isso levou ao estabelecimento do segundo califado, que foi governando pela dinastia omíada, que era sunita. O primeiro governante deste califado foi Moáuia, que havia sido governador da Síria, e sua primeira mudança foi transferir a capital para Damasco.

Apesar de tais conflitos internos, a expansão do califado continuou durante a dinastia omíada. A nova conquista mais notável foi a expansão pela costa da África do Norte e a invasão da península Ibérica, que, na época, estava ocupada por reinos cristãos visigodos. Independente do fervor islâmico dos conquistadores, eles continuavam cientes do comando explícito de Maomé com relação aos membros da fé abraâmica. Isso incluía judeus e cristãos. De acordo com Maomé, estes deveriam ser autorizados a continuar praticando sua fé, contanto que pagassem o *jizyah*, um tributo pago anualmente às autoridades muçulmanas. Este costumava ser estipulado com base na capacidade da pessoa de pagar, e invariavelmente era maior do que os muçulmanos locais pagavam como parte de seu *zakat* (o Terceiro Pilar da Sabedoria, dar esmolas aos pobres).

De maneira similar, as comunidades cristãs e judaicas tinham permissão para continuar funcionando de acordo com seus próprios sistemas jurídicos, o que lhes dava grande autonomia no interior do califado. Por esta razão, o Califado Omíada pode ser considerado um estado secular: isto é, o governo era separado da autoridade religiosa. Em outras palavras, a lei xaria – derivada do Alcorão e do hadith (palavras proferidas por Maomé) – não era aplicada em toda a esfera civil.

Tal liberdade inevitavelmente resultou em certas anomalias. Por exemplo, quando o califado se expandiu para além das fronteiras da Síria e avançou sobre a Anatólia, viu-se combatendo os cristãos bizantinos. Enquanto isso, os muitos cristãos no interior das fronteiras da Síria não eram considerados inimigos e tinham permissão para seguir vivendo da mesma forma que antes. Ainda mais desconcertante é o fato de que Moáuia, o primeiro califa da dinastia omíada, inclusive se casou com uma cristã. Apesar de tais contradições aparentes, na prática esta política só servia para fortalecer e consolidar o governo omíada nos novos territórios. Aqui também vemos que eles estavam em consonância com o entendimento do historiador do século XX Paul Kriwaczek, de que os impérios que permitem uma certa liberdade a seus povos sujeitados tendem a ser mais fáceis de controlar e mais duradouros.

A conquista da península Ibérica junto com a expansão para o leste até o mar de Aral e o Paquistão moderno significaram que o Califado Omíada governou uma vasta região cobrindo mais de 11 milhões de quilômetros quadrados e 62 milhões de pessoas. (Na época, um terço da população mundial.) Este era o maior império que o mundo havia visto – cerca do dobro do tamanho do Império Romano em seu apogeu.*

Em 771, a conquista omíada da península Ibérica estava completa, e as forças árabes agora avançavam sobre os Pirineus, espalhando-se para o leste pela costa do sul da França, e para o norte rumo ao interior da própria França. Os omíadas continuaram a dominar tudo que encontraram pela frente até que, em outubro de 732, chegaram a Tours, menos de 240 quilômetros a sudoeste

---

* Este pode parecer não ser o caso quando os dois impérios são comparados nos mapas atuais. Tais mapas são feitos de acordo com a projeção de Mercator, que exagera a área das regiões distantes do equador. Na verdade, a Groelândia é do mesmo tamanho que a Argélia atual, sendo que, na projeção de Mercator, Groelândia parece tão grande quanto todo o continente africano, i.e., catorze vezes maior do que é na realidade.

de Paris. Era como se toda a Europa Ocidental estivesse à sua disposição.

No entanto, eles agora se viam diante das forças combinadas de Carlos Martel, governante dos francos, e Odão da Aquitânia.* A aparição de Martel e dos francos em tal número tomou de surpresa o general omíada Abderramão, e os homens de Martel formaram um quadrado, usando as colinas e os bosques como cobertura. As opiniões diferem quanto a qual lado tinha o exército maior, mas não há dúvida de que Martel viera se preparando para esta batalha havia alguns anos. A temerosa cavalaria omíada foi forçada a atacar morro acima, pela floresta; entretanto, sua infantaria estava vestida inadequadamente para o frio outono francês. A eventual vitória de Martel obrigou o exército omíada a bater em retirada através dos Pirineus.

Nas palavras do grande historiador alemão do século XIX Von Ranke, esta batalha "foi o ponto de virada de uma das maiores épocas da história europeia". Em vez de a Europa Ocidental se tornar um continente árabe, o poder franco se consolidou. Em menos de quarenta anos, Carlos Magno ("Carlos, o Grande") seria coroado rei dos francos e trataria de estabelecer um império que unificaria grande parte da Europa Ocidental pela primeira vez desde a queda de Roma.

O Califado Omíada continuou a governar até que entrou em conflito com a revolução abássida em 750. As forças omíadas sob sua Bandeira Branca logo seriam derrotadas pela Bandeira Negra dos abássidas, e um novo califado foi estabelecido.** A

---

* As origens de Odão são obscuras. Alguns afirmam que ele pode ter sido de linhagem romana; outros sugerem que ele foi um huno ou um visigodo.

** Nessa etapa, muitos daqueles que lutavam ao lado dos omíadas eram xiitas. Até hoje, os xiitas retêm sua predileção pela Bandeira Branca, ao passo que os muçulmanos sunitas juram aliança à Bandeira Negra, que teria sido a preferida por Maomé.

família abássida era descendente do tio de Maomé, Abbas ibn Abd al-Muttallib, de onde veio seu nome. Então, mais uma vez, esta era uma dinastia sunita, visto que seus califas não descendiam diretamente do Profeta. A base do poder abássida era a Pérsia, e logo depois que eles assumiram o poder, a capital seria transferida para Bagdá. Este seria o início da Era de Ouro do islã, quando o mundo originalmente árabe dos califados adquiriria um matiz distintamente persa.

O mais famoso de seus primeiros califas foi, sem dúvida, Harune Arraxide ("Aarão, o Justo") que figura como o sultão em *As mil e uma noites* de Sherazade. Desde o início, os califas abássidas consideraram que era seu dever promover o conhecimento, fundando a Casa da Sabedoria. Esta provavelmente começou como a grande biblioteca particular de Harune Arraxide, que ele tornou disponível para os estudiosos. Logo evoluiu para um centro de conhecimento intelectual, atraindo eruditos da mais alta qualidade.

A mais importante de suas primeiras funções foi o fomento ao Movimento de Tradução, que teria uma grande influência sobre o pensamento árabe durante os séculos seguintes do califado. Esse movimento foi responsável por traduzir obras de matemáticos, médicos, astrônomos e filósofos (especialmente Aristóteles) da Grécia Antiga. Muitas dessas obras haviam se perdido no Ocidente após a Queda do Império Romano, e o efeito desse novo conhecimento sobre o pensamento árabe foi imensurável. Certamente influenciou algumas das mentes mais brilhantes do período do califado. Mas, mais do que isso, inspirou ideias originais, que estavam à frente de tudo até então encontrado no conhecimento humano.

Dois incidentes servem para ilustrar a importância disso para o mundo exterior. Em 802, Carlos Magno enviou uma missão de amizade para a corte de Harune Arraxide. Esta regressou com um presente para o rei dos francos, na forma de um relógio de bronze banhado de ouro – numa época em que não havia nada parecido com isso em toda a Europa. De acordo com o historiador francês moderno André Clot, esse relógio era "uma clepsidra, que, ao marcar as horas, badalava e derrubava bolinhas coloridas em um reservatório d'água; ao meio-dia, doze cavaleiros saíam galopando de doze janelas na caixa". Carlos Magno e seus cortesãos ficaram abismados com esse instrumento assombroso, convencidos de que funcionava evocando espíritos mágicos.

O segundo incidente aconteceu cerca de trezentos anos depois, quando um filósofo e viajante inglês chamado Adelardo de Bath regressou de uma viagem ao Levante, onde mal conseguira acreditar no que vira e aprendera. Os árabes haviam traduzido obras até então desconhecidas de Aristóteles e dos gregos antigos, aumentando imensuravelmente seu conhecimento – sobretudo na área de filosofia natural (que hoje chamaríamos de ciência).

Eles prosseguiram para alcançar feitos incríveis, como medir a circunferência da terra (um feito alcançado pelos gregos antigos, mas depois esquecido). Os estudiosos muçulmanos também inventaram a álgebra e fizeram diagramas de como o corpo humano funcionava. Eles haviam descoberto novos remédios e unguentos curativos, e criado um astrolábio que era capaz de medir os movimentos das estrelas. Este último permitira que os árabes fizessem novas descobertas em astronomia e melhorassem imensamente sua capacidade de navegar quando viajavam por mar ou por desertos.

Outros visitantes ocidentais confirmariam as histórias fabulosas de Adelardo, inclusive complementando-as. Um contou sobre uma batalha no extremo nordeste do califado, onde os muçulmanos haviam feito uma série de prisioneiros de guerra, que subsequentemente transmitiram um segredo de sua cultura oriental: como fabricar papel a partir de trapos, no qual, então, se podia escrever. (Hoje, entende-se que esta se refere à Batalha de Talas, que aconteceu no Cazaquistão em 751, o único conflito conhecido entre os exércitos abássida e chinês.)

Então, quem foram esses grandes pensadores árabes? Qual exatamente foi a importância de suas descobertas? E como eles conseguiram realizar tais feitos? A resposta geral à última pergunta lembra muito a explicação para a repentina explosão de conhecimento na Grécia Antiga. Isto é, a separação entre pensamento científico e religioso. Os cientistas declararam que todo conhecimento, espiritual e secular, era "entender a mente de Deus". Qualquer um que procurasse cercear suas pesquisas estava, portanto, cometendo blasfêmia. Felizmente, passaram-se vários séculos até que as autoridades religiosas encontrassem uma maneira de contornar esse sofisma, que usurpava seus poderes abarcadores.

O tratamento dos doentes nos pátios das mesquitas datava da época do próprio Maomé e de sua mesquita em Medina. Tais lugares pouco a pouco se tornaram instituições separadas, conhecidas como *bimaristan*, uma palavra persa para "lar dos doentes". O primeiro grande *bimaristan* foi fundado em 805 por Harune Arraxide em Bagdá. Nas primeiras décadas do Califado Abássida, outros hospitais haviam sido fundados no Cairo, em Damasco e em Córdoba. A influência religiosa permaneceu no fato de que todos – independentemente de sexo, raça ou religião – podiam ser tratados em tais instituições, e sem custo.

Por outro lado, o conhecimento e as práticas empregados em tais hospitais eram puramente seculares. Os estudiosos médicos árabes fizeram uso das obras traduzidas de Aristóteles, e de Galeno em particular. Outro aspecto religioso de tais lugares era a crença de que "Deus não manda nenhuma doença sem mandar também a sua cura". Tal crença pode não ser científica, mas certamente era uma inspiração para aqueles que estudavam medicina, que logo tratavam de buscar curas para os males com os quais eram confrontados. Como veremos, uma das razões para esta era de ouro foi que, embora a religião e a ciência fossem separadas, elas, na verdade, se apoiavam mutuamente. A ciência era uma busca religiosa, inspirada por uma crença religiosa.

O primeiro grande estudioso a encarnar esta tradição foi Al-Razi (conhecido como Rasis no Ocidente), que nasceu em 854 em Ray, ao sul do mar Cáspio, na Pérsia. Ele viajou até Bagdá quando jovem, onde, em virtude da grandeza de seu intelecto, foi convidado pelo califa abássida Al-Mutadid a fundar um novo grande hospital, concebido para ser o maior e o mais sofisticado de todo o califado. Um sinal do pensamento científico de Al-Razi pode ser visto no método que ele usou para escolher a localização do hospital. Ele selecionou o distrito onde a carne fresca exposta nos ganchos do lado de fora das barracas dos açougueiros levava mais tempo para apodrecer.

Al-Razi concluiria mais de duzentos manuscritos no decurso de seus 65 anos de vida. Assim como outros estudiosos de sua época, ele não se limitou a uma área de conhecimento. Seus maiores avanços podem ter sido na medicina, onde escreveu obras pioneiras sobre doenças contagiosas e anatomia, mas ele também fez contribuições originais a áreas que iam de lógica a astronomia, gramática e filosofia.

A Bagdá de sua época era uma das maravilhas do mundo. Navios vindos de terras distantes como Catai (China) e Zanzibar atracavam em cais adornados por palmeiras ao longo do rio Eufrates. No centro de Bagdá estava a famosa Cidade Redonda de dois quilômetros de diâmetro, com seus três anéis de muros defensivos, dentro dos quais ficavam a Grande Mesquita e o Palácio Dourado dos califas. Dali, quatro estradas axiais partiam para os quatro cantos do Império Árabe. Nos subúrbios além dos muros ficavam as vilas com jardins frondosos e fontes tilintantes. Mais além, ficavam os bazares lotados cujas barracas expunham canela de Sumatra, cravo de Zanzibar e uma variedade de outros produtos. Nas ruas, os entretenimentos iam de comedores de fogo e engolidores de espadas a contadores de histórias usando turbantes, recontando muitas das mesmas histórias que aparecem em *As mil e uma noites*.

Mas essas narrativas mágicas estavam longe de ser a única literatura produzida durante essa era de ouro. Talvez a mais conhecida no Ocidente seja *O Rubaiyat de Omar Khayyam*, que foi uma sensação ao ser traduzida cerca de setecentos anos depois pelo poeta inglês vitoriano Edward Fitzgerald. O próprio Omar Khayyam continua sendo um personagem um tanto misterioso, que, ainda em vida, ficou famoso como astrônomo e matemático. Seus *Rubaiyat* (poemas em quadras) apareceram pela primeira vez em uma biografia escrita sobre ele cerca de quarenta anos após sua morte.

Desde então, cerca de duas mil quadras foram atribuídas a ele. Embora algumas destas certamente não tenham sido obra sua, não há dúvida da qualidade da poesia em si:

> Um Pão sob o Ramo, um Livro de Versos,
> Um Frasco de Vinho, – e aqui bem perto
> Está Você cantando neste Ermo –
> E fica um Paraíso este Deserto.*

Este dificilmente era o caminho ortodoxo para o Paraíso, e Omar Khayyam logo se viu sendo acusado de irreverência, motivo pelo qual tomou a precaução de deixar a cidade em uma peregrinação.

Um dos grandes estudiosos do Califado Abássida foi Maomé Alcuarismi, que, em 820, foi nomeado diretor da biblioteca da Casa da Sabedoria em Bagdá. Alcuarismi produziria obras sobre astronomia, geografia e também matemática, área em que fez suas contribuições mais permanentes. Foi ele que popularizou os algarismos indo-arábicos, os quais introduziram um sistema de contagem decimal que libertou a matemática dos trabalhosos métodos de cálculo anteriores.

---

* Tradução de Gentil Saraiva Jr. (autopublicação, e-book, 2014). (N.T.)

Seu nome, Alcuarismi, chegou até nós por meio da palavra algoritmo (um processo ou conjunto de regras gerais para resolver problemas específicos). Mas a maior contribuição de todas foi sua obra *Compêndio sobre cálculo*, cujo título em árabe contém as palavras *al-jabr*, que significam "a reunião de partes quebradas". Esta é uma descrição metafórica perspicaz de como resolvemos uma equação com quantidades desconhecidas, e é do árabe que derivamos a palavra "álgebra".

No hadith, Maomé proibia explicitamente a representação figurativa, para evitar a adoração de ídolos. Consequentemente, a arte árabe foi sublimada em formas extremamente abstratas, como os azulejos estampados e a caligrafia. As paredes das mesquitas – grandes e pequenas – continham exemplos sublimes dessas formas de arte islâmica. Na caligrafia, a língua e a prece, combinadas, adquiriam uma beleza própria, ao passo que os azulejos exibiam padrões geométricos complexos e simetrias engenhosas e elaboradas que intrigam matemáticos ainda hoje.

Maomé inclusive ensinou caligrafia à sua filha Fátima, e essa prática foi adotada por muitas mulheres no interior do harém. Isoladas da socialização normal, algumas dessas mulheres estudaram e se tornaram eruditas por mérito próprio. Essas eruditas ficaram famosas como professoras de estudantes mulheres. Poucas menções são feitas a essas mulheres cultas, devido ao patriarcado opressor da sociedade. No entanto, podemos vislumbrar isso em uma das histórias contadas por Sherazade.

Sucintamente, a história conta que uma escrava árabe chamada Tawaddud foi oferecida ao califa, mas o dono queria cobrar por ela uma soma exorbitante por causa de seus conhecimentos excepcionais. A fim de verificar isso, o califa convocou a seu palácio os homens mais cultos da região, para que pudessem interrogá-la. Primeiro, um estudioso do Alcorão começou a questioná-la, e ela lhe deu respostas corretas a todas as suas perguntas. Então, ela lhe fez uma pergunta, que ele não soube responder. O califa ordenou que o estudioso se despisse de sua beca e o expulsou do palácio. Em seguida, um médico a questionou sobre detalhes de anatomia e medicina. Tawaddud respondeu corretamente a todas as perguntas, inclusive, aparentemente, citando obras de Galeno como referência. O médico foi forçado a admitir ao califa: "Esta moça é mais versada em medicina do que eu".

Por fim, um filósofo a indagou sobre a natureza do tempo, admitindo derrota quando ela resolveu um enigma matemático que ele propôs. O califa, então, ofereceu pagar 100 mil moedas de ouro por Tawaddud, ao mesmo tempo que ofereceu atender qualquer solicitação que ela fizesse. Ela respondeu que queria voltar para o seu dono; então, o califa recompensou ambos com um lugar em sua corte.

Em 1095, a costa leste mediterrânea do Califado Abássida começou a sofrer ataques dos exércitos de cruzadistas vindos do oeste. Estes haviam recebido ordens do papa Urbano II para que fossem em auxílio do imperador bizantino, que estava sob ameaça dos turcos seljúcidas (sunitas aliados dos abássidas). Os guerreiros francos da Primeira Cruzada, então, invadiram a Terra Santa de sua herança cristã. Em 1099, eles haviam conquistado Jerusalém e logo instauraram reinos cristãos permanentes por todo o interior no leste do Mediterrâneo. Foi só quando Salah ad-Din (Saladino), um muçulmano sunita de ascendência curda, liderou exércitos islâmicos que os cruzadistas encontraram um adversário à altura, com Jerusalém sendo reconquistada em 1187.

A essa altura, o Califado Abássida estava começando a se desintegrar, com várias regiões se tornando praticamente autônomas. Então, sem aviso, em 1257 um vasto exército de mongóis subitamente invadiu o território abássida a partir do nordeste, destruindo tudo que encontrou pelo caminho. Em janeiro de 1258, a própria Bagdá estava sob cerco. No mês seguinte a cidade foi tomada, saqueada e incendiada.

Daí em diante, o centro de poder no Levante islâmico se mudaria para o Cairo, a leste, onde um Califado Abássida logo seria restabelecido. Mas a era de ouro do Califado de Bagdá havia chegado ao fim. Os califas agora só detinham poder religioso, com os mamelucos residentes detendo o poder político e militar.

Apesar desse golpe, uma parte do antigo Império Islâmico continuava a florescer. Durante anos, Al-Andalus (a península Ibérica) havia sido uma província praticamente autônoma do império, governada pelo emir de Córdoba. De fato, tal era a independência do emirado de Córdoba que este mantinha sua aliança com o antigo Califado Omíada. E logo sua magnificência cultural inclusive começou a rivalizar com a da Bagdá abássida. Já no século X, a cidade de Córdoba havia crescido para uma população estimada de 500 mil, o que a tornava a maior cidade da Europa. (No Império, apenas Bagdá e possivelmente Cairo eram maiores, a primeira tendo uma população de cerca de 800 mil.) Com uma mistura de povos islâmicos, cristãos e judeus vivendo em relativa harmonia, Córdoba havia se tornado um grande centro financeiro, político e cultural.

Mesmo a segunda cidade desse emirado independente se tornou uma maravilha da Europa islâmica. Granada, situada quase oitocentos metros acima, na fria Serra Nevada, com seu fabuloso palácio e jardins de Alambra, acabaria se tornando independente de Córdoba. Dessa maneira, Granada conseguiu estabelecer elos comerciais entre o mundo árabe e as províncias cristãs que, pouco a pouco, fizeram incursões por Al-Andalus no norte. Esta rota de comércio chegou ao sul, atravessando o Mediterrâneo até os territórios berberes da África do Norte, e daí atravessando o Saara. (Saara é simplesmente a palavra árabe para deserto.)

Tal rota de comércio levava caravanas de ouro das minas de Mali, bem como sal, marfim e escravos de Tombuctu. Na direção oposta, também foi responsável pela disseminação da religião islâmica para a África Ocidental. Mais tarde, Granada se tornaria um grande centro de cultura e influência cívica judaica, até que o equilíbrio delicado de tolerância multirreligiosa fosse perturbado, resultando no massacre de judeus em 1066. Al-Andalus produziria um dos maiores filósofos da era de ouro árabe. Este foi Ibn Rushd, que nasceu em Córdoba em 1126. Como tantos dos outros grandes eruditos árabes dessa época, ele foi um polímata e escreveu obras acerca de tudo, de física a jurisprudência. Ele viajou para Marrakesh, na província islâmica de Marrocos, onde fez observações astronômicas tentando, sem sucesso, descobrir leis da física que pudessem explicar o movimento das estrelas nos céus. Anos depois, ele foi nomeado um *qadi* (juiz da corte xaria), em Córdoba, mas não agradou e foi banido pelo emir.

Ibn Rushd é mais conhecido por seus volumosos comentários sobre as obras de Aristóteles. Muitos destes foram traduzidos para o latim e começaram a circular entre os estudiosos na Europa, onde seu nome árabe foi ocidentalizado para Averróis. Tamanha foi sua influência sobre o pensamento cristão medieval que levou a uma filosofia conhecida como averroísmo. Esta incluía uma influência mística, que afirmava que toda a humanidade partilhava da mesma consciência eterna.

A província marroquina também foi o lugar de nascimento, em 1304, de Ibn Battuta, o estudioso islâmico que se tornou o maior viajante que o mundo já vira. A extensão de suas viagens, por camelo, cavalo e barco, continua a assombrar ainda hoje.

De acordo com seu relato comprovado, suas viagens foram para o leste, percorrendo a Índia e chegando à China; para o sul, passando por Tombuctu; pela costa da África Oriental, até Zanzibar e além; e para o norte, na região do mar Negro e do mar Cáspio. Em outras palavras, Ibn Battuta viajou por todo o mundo conhecido – ou a extensão de mundo que era conhecida pelos comerciantes árabes. E este é o ponto. Antes de ser um líder religioso e militar, Maomé havia sido comerciante. E, depois das primeiras conquistas, os muçulmanos árabes meramente prosseguiram em sua tradição de comércio, por terra e, principalmente, por mar.

Os pontos mais distantes que Ibn Battuta alcançou já eram parte do mundo muçulmano. Por exemplo, os comerciantes muçulmanos primeiro chegaram à China, já no século VII, onde a religião logo se estabeleceu entre a população local. De maneira similar, os comerciantes berberes que atravessaram o Saara a partir da África do Norte trouxeram o islã para a África Subsaariana no século IX, quando, com a ajuda dos missionários, esta logo começou a suplantar as religiões africanas locais em Mali e em uma ampla faixa de território indo do Senegal ao Sudão.

Durante o período em que Ibn Battuta esteve viajando pelo mundo, forças cristãs continuaram a pressionar cada vez mais para o sul através de Al-Andalus. O último reduto árabe a cair foi o Emirado de Granada, em 1492. Mas este estava longe de ser o fim do poder islâmico na Europa. Em um movimento que contrabalançou aquele, o Califado Otomano prevalecera na Anatólia, finalmente conquistando Constantinopla, a capital do

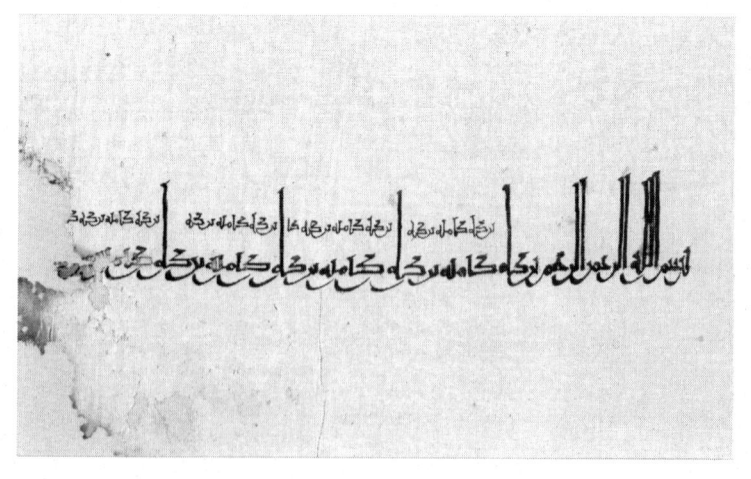

Página de escrita árabe da era abássida.

Império Bizantino em 1453, antes de avançar sobre os Bálcãs. Mas a história desse grande império ainda está por vir.

Sequência

Como vimos, a essa altura os mais antigos centros de civilização na Ásia e na África do Norte – Egito Antigo, Mesopotâmia, o vale do Indo, e o rio Amarelo – haviam se espalhado por regiões separadas, e viriam a se conectar uns com os outros por meio de rotas de comércio. Na era anterior a esta, eles haviam se desenvolvido de maneira praticamente isolada. Mas, em torno do século V a.c., estas civilizações totalmente separadas alcançaram um estágio surpreendentemente similar de evolução humana. Cada uma delas havia produzido uma figura excepcional de tal estatura que transformaria o desenvolvimento intelectual de seus povos durante séculos, ou até milênios.

A China produzira Confúcio, cujas ideias continuam a exercer um papel formativo no pensamento chinês até o presente. Seus ensinamentos enfatizaram o desenvolvimento pessoal com o objetivo de aperfeiçoamento. A Índia produzira Buda, o fundador do budismo, cuja ênfase fora no desenvolvimento espiritual a fim de superar as ilusões perversas deste mundo. E a Grécia Antiga produzira Sócrates, que instruíra seus seguidores a se questionar a fim de conhecer a si mesmos. De maneira totalmente separada, ao que parece, cada um desses braços da humanidade desenvolvera, à sua própria maneira, um caminho para a individualidade.

Isso leva à interessante pergunta: tal compreensão de si foi um estágio necessário pelo qual a evolução humana estava destinada a passar? De fato, isso foi parte de nossa humanidade comum? É uma pergunta difícil de se responder pela simples razão de que nem todas as civilizações sustentariam os meios para que tal realização acontecesse. A reflexão sobre si mesmos foi um luxo para poucos, nas melhores épocas. Nos períodos mais difíceis, pareceria ser praticamente erradicada, em favor de um coletivismo poderoso que reivindicava uma vantagem esmagadora para o bem comum. Nós vimos como uma ideia, ou uma nova religião, é capaz de galvanizar um povo. Não por acaso a palavra religião vem do latim *re ligare*, "aquilo que nos une".

O próximo império que encontramos terá uma força propulsora igualmente poderosa, remetendo a um coletivismo quase pré-individualista. Ao fazer isso, regressamos ao império que dominou Bagdá em 1258, colocando fim às glórias do Califado Abássida.

4
O Império Mongol

Assim como os hunos, os godos e os vândalos haviam expulsado tudo que encontraram pela frente oito séculos antes, os mongóis também se mostrariam uma força irresistível quando saíram de sua terra natal e se espalharam por toda a Eurásia.

Em tribos migrantes de caçadores-coletores, vivendo da terra pela qual passavam, cada homem era um guerreiro. Tais migrações podiam sustentar bandos perambulantes de algumas centenas de pessoas, no máximo. O próximo estágio de desenvolvimento humano envolveu pastores. Em tais sociedades, também, cada homem era um guerreiro; mas, como os guerreiros traziam seu sustento consigo em rebanhos, podiam se deslocar em grupos maiores. Foi assim que Maomé conseguiu reunir 10 mil homens para sua marcha sobre Meca.

O terceiro estágio de desenvolvimento humano envolveu povos pastorais sedentarizados. Tais sociedades eram mais sofisticadas. O excedente de sua produção podia financiar o lazer e a cultura, bem como um exército permanente. Mas, ironicamente, tais sociedades aculturadas não foram capazes de resistir às migrações daquelas que eram, essencialmente, tribos bárbaras, como os romanos descobriram. E agora, quase um milênio depois, os povos dos mundos oriental e ocidental seriam forçados a aprender essa lição novamente – quando hordas de mongóis partiram de suas terras no Oriente e se espalharam por dois continentes.*

---

* O filósofo escocês setecentista e pioneiro do pensamento econômico, Adam Smith, sugeriu que, se os povos ameríndios tivessem chegado ao estágio de se tornar pastores, provavelmente teriam conseguido expulsar os primeiros colonos pastorais europeus de seu litoral.

Nenhum grande império é fundamentalmente único, mas o Império Mongol conteria anomalias suficientes para se diferenciar de quase todos os outros, anteriores e posteriores, grandes e pequenos. Sua história, até mesmo sua própria existência, está repleta de contradições. Este seria o maior império em territórios contíguos que o mundo já viu, estendendo-se do Pacífico às fronteiras orientais da Alemanha, mas se mostraria o grande império de mais curta duração da história. Seria um império que toleraria todas as religiões – do islã ao cristianismo e budismo, do xamanismo ao judaísmo e taoismo. Mas também proibiria muitas dessas religiões de realizar suas práticas mais sagradas.

Por exemplo, os seguidores do islã foram proibidos de abater animais à maneira halal; igualmente, os judeus foram proibidos de comer kosher e praticar a circuncisão. Todos os cidadãos do Império Mongol tinham de seguir "o método mongol de se alimentar". De maneira similar, os éditos mongóis contra poluir água, que impediam a lavagem de roupas, ou mesmo corpos, em particular durante o verão, dificilmente seriam apreciados por religiões que defendiam uma forte conexão entre a pureza e a divindade, abominando o impuro.

Outras contradições similares abundavam. Apesar da vasta área de suas conquistas, o Império Mongol deixaria ruínas por toda parte e nenhuma grande construção; o único monumento magnificente que os mongóis criaram foi a Muralha da China, que teve como objetivo mantê-los *de fora*. Este foi um império notório pela grande matança que infligia sobre os inimigos; mas deixaria para trás, na Europa, um legado que causou ainda mais mortes, na forma da Peste Negra.

Até mesmo seus imperadores nos presenteiam com um enigma. O primeiro imperador, Gêngis Khan, passaria para a história como provavelmente o conquistador mais sanguinário de todos os tempos, um invasor genocida que com frequência condenou ao esquecimento aqueles em seu caminho. No entanto, o último governante do Império Mongol é lembrado na imaginação romântica do Ocidente por sua fabulosa capital Xanadu. Esta seria descrita pelo viajante inglês contemporâneo Samuel Purchas:

> Em Xanadu, Kublai Khan construiu um palácio majestoso, abarcando 25 quilômetros de terreno plano com um muro, no interior do qual há campos férteis, fontes agradáveis, córregos maravilhosos e todo tipo de animais de caça, e, bem no meio, uma suntuosa casa de prazeres que pode ser transportada de um lugar para outro.*

Agora, tudo o que resta de Xanadu são ruínas circunscritas por um monte gramado onde um dia estiveram os muros da cidade. Mas Kublai Khan não seria nenhum Ozymândias. Em idade avançada, ele deixaria Xanadu e instalaria sua capital em Cambalique (mongol: "A cidade do líder") no local que hoje é a capital da China: Pequim. Muitos séculos se passaram, mas esta cidade e seus grandes monumentos permanecem como ruínas em meio à areia ilimitada.

Ao norte da China, além das famosas traiçoeiras areias cantoras e movediças do deserto de Gobi, contornadas por montanhas ao norte e a oeste, estão as vastas estepes do território sem costa marítima conhecido como Mongólia. Este planalto fica cerca de 1,5 mil metros acima do nível do mar, e se estende por aproximadamente 2,4 mil quilômetros de leste a oeste, e mais de oitocentos quilômetros de norte a sul. Tem sido ocupado por tribos nômades desde tempos imemoriais. (Os historiadores estimam que seja desde cerca de 2000 a.C.) Os mitos de origem desses povos eram totalmente verbais e ao longo dos séculos se misturaram com o folclore budista e xamanista dos povos dos arredores. Mas uma

---

* Reminiscente da vida nômade mongol, onde os membros da tribo habitavam um *ger* móvel (uma tenda de feltro ou de pele, como um yurt).

coisa continua certa: essas tribos nômades consideravam o lobo seu ancestral lendário e se esforçavam para emular suas qualidades: a astúcia, a ferocidade e a força do bando.*

Os mongóis podem ter se identificado com o lobo, mas o animal que esses homens tribais apreciavam acima de todos os outros era o cavalo. Os cavalos mongóis eram (e continuam sendo até hoje) uma raça forte e robusta de incrível resistência. Vagando livres, eles subsistem unicamente à base de pasto e são capazes de suportar os extremos de temperatura que caracterizam esta região que, não fosse por isso, estaria desabitada. No verão, a temperatura chega a mais de trinta graus Celsius; no inverno, cai para quarenta graus negativos.

As tribos nômades mongóis desenvolveram uma intensa relação simbiótica com seus rebanhos de cavalos, que lhes forneciam tudo o que necessitavam. A carne de cavalo era alimento, a crina e o rabo longo desses animais podiam ser trançados para fazer cordas, sua pele podia ser usada para reforçar o feltro do *ger* (uma espécie de tenda) contra o vento frio e cortante, o esterco fornecia combustível. E as éguas forneciam leite. Fervido e desidratado, este podia ser armazenado e transportado. Fermentado, fornecia o *kumis*, alcoólico e de sabor ácido. As éguas produtivas podiam ser ordenhadas até seis vezes por dia. E, em épocas extremas, sobretudo quando estavam envolvidos em guerra, os membros da tribo aprenderam a cortar uma veia no pescoço do cavalo a fim de obter uma pequena taça de sangue, que os mantinha vivos.

---

* A recorrência do lobo em mitologias fundamentais é um tanto comum, se não universal. Estende-se de Gilgamesh e do mito acadiano a Roma, da mitologia nórdica do Beowulf às lendas dos cheroquis e dos inuítes do Novo Mundo. Alguns apontam para o lobo como sendo o predador mais temido enfrentado pelos primeiros humanos; no entanto, a identificação subjacente com os lobos pareceria indicar um atavismo psicológico mais profundo.

O Império Mongol

Embora os cavalos vagassem livremente, eram treinados para responder ao chamado, ou assobio, do dono, como cachorros. Quando os membros da tribo perseguiam um inimigo, traziam consigo até meia dúzia de cavalos cada um, de modo que sempre tinham um disponível. Embora os cavalos só pesassem em torno de 220 quilos, podiam transportar cargas muito superiores a seu peso. Quando montados, eram capazes de galopar dez quilômetros sem descanso. No frio gélido de uma noite de inverno, um mongol se aconchegava em seu cavalo para se aquecer. Quando encontravam água, o cavaleiro se ajoelhava ao lado da montaria para beber. Mas, embora sempre conseguisse distinguir cada um de seus cavalos pelas marcas na pele, não lhes dava nomes. Era quase como se os cavalos fossem parte dele e não necessitassem designação alheia.

Conforme a população na estepe se multiplicou, as várias tribos mongóis começaram a lutar por território. Esses bandos belicosos, com seus corcéis do tamanho de pôneis, logo se tornaram guerreiros temerosos. As selas nas quais cavalgavam tinham estribos curtos, de modo que o cavaleiro pudesse guiar o cavalo com as pernas, o que lhe deixava os braços livres para, usando um arco curto, atirar flechas com pontas de metal, letais, com grande precisão. Atadas à sela atrás deles havia uma variedade de armas, que podiam incluir uma cimitarra, adagas e um bastão ou uma machadinha, bem como uma garrafa de couro contendo leite. Como armadura, usavam pele de cavalo curada e cravejada com metal.

Ao longo dos séculos, desenvolveu-se um conjunto de regras estritas com relação ao tratamento dos cavalos, e qualquer um que as violasse era punido. Isso é exemplificado na ordem de Gêngis Khan: "Capture e espanque qualquer homem que as violar [...] Qualquer homem [...] que ignorar este decreto, corte-lhe a cabeça, onde ele estiver".

O homem que conhecemos como Gêngis Khan nasceu em um canto remoto no nordeste do planalto mongol, onde os ventos siberianos sopram das montanhas ao norte. De acordo com uma lenda local, aparentemente não adulterada por folclore posterior, esses mongóis se originaram nas florestas nas encostas das montanhas onde o Lobo Cinzento acasalou com a Bela Rena Vermelha, que deu à luz, à beira de um grande lago, o primeiro dos mongóis, Bataciqan. Supõe-se que o grande lago seja o lago Baikal, na Rússia atual. Algum tempo depois disso, os descendentes de Bataciqan deixaram as florestas e partiram rumo à estepe, onde se instalaram às margens do rio Onon.

Os mongóis se viam como diferentes de seus vizinhos, os membros de tribos tártaras e turcomanas, afirmando que descendiam dos antigos hunos, que fundaram o primeiro império na região durante o século III. (Hunos é a palavra mongol para "ser humano".) Foram esses hunos que, nos séculos IV e V, migraram da Ásia rumo a oeste e chegaram à Europa, onde dispersaram as tribos germânicas, os vândalos e os godos, causando o movimento de povos que derrubou o Império Romano e iniciou a chamada Idade das Trevas.

A vida na estepe era dura para os mongóis. Os gélidos ventos siberianos traziam chuvas intermitentes. Estas congelavam no inverno nas encostas das montanhas e derretiam no verão, fluindo para os lagos azuis que desaguavam em rios, trazendo água para os vastos campos secos que se estendiam para o horizonte vazio. Às vezes, não chovia por anos a fio, o céu permanecendo como uma vasta abóbada azul sobre a paisagem. O céu azul infinito, que se espalhava de horizonte a horizonte em todas as direções, era adorado como o Único Deus Verdadeiro por esse povo. Era Ele que trazia as nuvens de chuva.

Os climatologistas modernos descobriram que, algum tempo após o nascimento de Gêngis Khan, a mudança climática começou a moderar o clima da região por várias décadas. Isso trouxe temperaturas mais amenas e mais chuva. Em consequência, a grama cresceu em toda parte. Manadas de cavalos e outros tipos de gado puderam se multiplicar, bem como os membros das tribos. O resultado inevitável foi uma tensão crescente entre as tribos nômades por grandes extensões de terra sem barreiras naturais, que eram muito cobiçadas. Sem aviso, uma tribo atacava o *ger* isolado de tribos rivais, levando moças e rapazes como escravos. Superados em número, os homens da tribo atacada fugiam, levando seus melhores cavalos e esposas a fim de alertar os aliados, para que pudessem regressar para lutar no dia seguinte. A revanche era uma força propulsora constante.

Nesse mundo, em 1162, nasceu uma criança chamada Temujin (que só mais tarde assumiria o nome Gêngis Khan). Temujin era filho de Yesugei, um líder do importante clã Borjigin, que vivia perto do local da atual Ulan Bator. A infância de Temujin foi dura e brutal. Quando ele tinha apenas nove anos, seu pai foi envenenado, e sua tribo expulsou sua mãe Hoelun e todas as crianças da família. O mais velho era Bekter, que não era diretamente relacionado com nenhum dos outros, sendo filho do marido de Hoelun, que havia sido assassinado. Forçada a subsistir na estepe estéril, a família saiu em busca de comida para sobreviver, pescando no rio Onon antes que congelasse no inverno.

Entre Bekter e Temujin cresceu uma intensa rivalidade, que atingiu o ponto culminante quando Temujin soube que Bekter pretendia fazer de Hoelun sua esposa. Então, Temujin perseguiu Bekter e o assassinou com uma flecha. Conta-se que as últimas palavras de Bekter para o irmão foram: "Agora você não tem outra companhia além da própria sombra". Até onde se sabe, Temujin provavelmente ainda não havia chegado à adolescência.

Nesse momento, convém fazer uma pausa para examinar como sabemos desses acontecimentos com tantos detalhes. A história da vida de Gêngis Khan está registrada com certos detalhes em *A história secreta dos mongóis*, a bíblia do povo mongol. Esta foi escrita nas linhas verticais da escrita mongol original por um escriba anônimo alguns anos após a morte de Temujin.

A *história secreta dos mongóis* permaneceu desconhecida para o Ocidente até que uma versão chinesa foi descoberta pelo monge russo Pyotor Kafarov, no século XIX, durante suas viagens pela China. No entanto, uma tradução fiel do texto mongol reconstruído só seria feita em 1941 pelo sinólogo alemão Erich Haenisch. O tom da obra é bíblico, e a precisão de seu texto é de ordem similar. Em outras palavras, continua sagrado para seu povo; mas, com a exceção do prólogo mitológico, pareceria uma narrativa quase precisa, tendo sido confirmada por relatos não oficiais contemporâneos transmitidos em histórias.

A antiga língua mongol permaneceria unicamente verbal até que Gêngis Khan ordenou a adoção da escrita usada pelos turcos uigures. Estes eram os ocupantes da grande região de Xinjiang no noroeste da China, que fica a oeste da atual Mongólia, separada pelo deserto de Gobi. Na escrita uigur original, e sua variante mongol, as letras de cada palavra são escritas de cima para baixo, i.e., verticalmente, em linhas de palavras. Estas linhas completas são, então, lidas em sequência da esquerda para a direita.

O autor anônimo de *A história secreta dos mongóis* indica que ela terminou no "Ano do rato". Os mongóis copiaram o calendário chinês, que é baseado em um ciclo de doze anos, com cada ano recebendo o nome de um animal diferente. Os estudiosos que examinaram os acontecimentos mencionados no texto chegaram à conclusão de que *A história secreta* foi escrita em 1228, 1240 ou, talvez, até mesmo 1252.

Agora podemos retornar ao fratricida adolescente Temujin. Quando ele voltou para o acampamento da família, encontrou sua mãe Hoelun. Com intuição materna, ela percebeu imediatamente o que o filho havia feito. No mesmo instante, foi tomada de fúria, gritando para ele as mesmas palavras que Bekter havia proferido antes de morrer: "Agora você não tem outra companhia além da própria sombra". É muito difícil conceber a psicologia arraigada em Temujin pela simplicidade e selvageria desse mundo quase primitivo. A Europa podia estar a milhares de quilômetros de distância, mas também podia muito bem estar a milhares de anos de distância.

Do outro lado do mundo, a civilização ocidental havia começado a se agitar novamente, com uma cultura medieval madura começando a emergir. Grandes catedrais góticas estavam sendo construídas em Reims e Chartres, universidades já estavam bem estabelecidas em lugares como Oxford, Bolonha e Paris. Enquanto isso, no Império Árabe, em meio a grandes cidades como Bagdá e Córdoba, as mesquitas e os bazares eram abarrotados de populações que chegavam às centenas de milhares. E, ao sul da Mongólia, na China vizinha, detrás da proteção da Muralha, a Dinastia Jin, sob o imperador Shizong, estava entrando em um período de paz e prosperidade. Esta foi uma época de eruditos e poetas, com blocos de madeira imprimindo os textos de Confúcio, e artistas pintando os pássaros e as paisagens campestres da China.

Enquanto isso, em 1177, quando Temujin tinha quinze anos, ele foi capturado por homens de outra tribo, que o levaram como escravo em uma canga. Esta consistia de dois pedaços de madeira grandes, pesados e planos, esculpidos para que pudessem ser presos em volta do pescoço do prisioneiro: o peso da madeira era um fardo doloroso, e seu tamanho impedia que o prisioneiro se alimentasse com as mãos, o que o tornava totalmente dependente de seu algoz. Milagrosamente, Temujin conseguiu persuadir um dos homens da tribo a ajudá-lo a escapar. Durante essa aventura e as seguintes, Temujin parece ter exibido um carisma irresistível, induzindo as pessoas a ajudá-lo e então a se unirem a ele.

Antes da morte do pai de Temujin, ele havia arranjado para que o filho ficasse noivo de uma moça chamada Börte, a fim de formar uma aliança com outro clã mongol poderoso. Temujin, então, viajou até a tribo Onggirat para reivindicar a noiva. Pouco depois de ele se casar com Börte, ela foi raptada por membros de uma tribo vizinha. Temujin imediatamente liderou uma campanha para vingar o crime e logo recuperou a esposa. Os relatos sobre como Temujin escapou da escravidão, e sobre a maneira audaciosa como resgatou Börte, lhe conferiram uma reputação elevada por sua bravura e capacidade de liderança. Ele logo se ergueu contra a hierarquia da tribo, tornando-se um chefe tribal. Por meio de alianças táticas e guerras tribais, Temujin finalmente se estabeleceu como líder de todas as tribos mongóis. Em 1206, ele havia se tornado governante de todas as tribos vizinhas, incluindo os uigures e os tártaros turcomanos. Realizou-se uma assembleia das tribos – um *khuriltai* –, e Temujin foi reconhecido como "Gêngis Khan" ("líder de todos os povos que vivem nas tendas de feltro"). Este título pouco atraente logo provocaria medo nos corações de todos que o ouvissem.

Gêngis Khan era, agora, governante incontestado de todo o planalto, "do [deserto de] Gobi no sul à tundra ártica no norte, das florestas da Manchúria no leste à cordilheira de Altai no oeste". Percebendo que esta aliança mongol logo se desintegraria se não fosse unida em um fim comum, em 1209 Gêngis Khan lançou uma série de incursões pelos territórios estrangeiros vizinhos. Em 1211, encorajado pela pura exultação da vitória, Gêngis Khan e seu vigoroso exército de cavaleiros cavalgaram rumo ao sul, até o norte da China. O sucesso desse exército primitivo – furioso, mas disciplinado – foi inacreditável. Em poucos anos, Gêngis Khan havia derrubado a Dinastia Jin. Como ele posteriormente explicou: O céu havia se cansado do orgulho e do luxo excessivos dos chineses.

> Eu sou do norte bárbaro. Uso a mesma roupa e como a mesma comida que os boiadeiros e os guardadores de cavalos. Nós fazemos os mesmos sacrifícios e partilhamos as mesmas riquezas. Eu vejo a nação como um bebê

recém-nascido e cuido dos meus soldados como se fossem meus filhos.

Antes disso, prosseguiu Gêngis Khan, ele estivera meramente interessado em pilhagem. Mas agora havia cavalgado para o sul e conseguido algo que ninguém jamais havia conseguido na história. Ele havia derrotado os chineses. E, com eles, seu exército aprendera a usar armas de cerco, catapultas e inclusive pólvora. Gêngis Khan, então, voltou seus olhos para o oeste e se preparou para lançar um ataque a reinos e impérios, com histórias longas e cidades fabulosas do tipo que nem ele nem seus homens jamais haviam sonhado que existiam. Ele jurou que, dali em diante, uniria o mundo inteiro em um único império.

O que nos leva à questão da história não linear. Normalmente, a história é concebida como seguindo uma trajetória linear. Isso pode ser visto como uma linha de tempo vertical em um gráfico. A história não linear pode ser vista como uma linha horizontal, explicando vários estágios da história que ocorrem em paralelo. Isso é mais bem ilustrado pelo economista do século XX, Milton Friedman, que observou que, quando morava em São Francisco, ele se viu vivendo em meio a praticamente toda a história da economia em seus vários estágios de desenvolvimento. À sua volta, viu uma grande variedade de comunidades de imigrantes e diferentes classes: Chinatown, o distrito italiano e muitos outros grupos sociais, cada um deles fazendo uso de sua própria forma cultural de vida econômica. Havia economia de troca, economia de crédito, economia de dívida deferida, economia de capital, e até mesmo a economia comunal simples, quase socialista, praticada por comunidades religiosas. A economia, em toda a sua história, estava viva e prosperando à volta dele.

O mesmo pode ser dito dos impérios e países ocupando o território curasiático no início do século XIII. No leste, havia o Império Chinês, extremamente estratificado. Do Oriente Próximo até a Espanha, havia o Califado Abássida, uma sociedade essencialmente religiosa, que ainda tolerava um grau de pensamento secular na forma de ciência e filosofia. Na Rússia e no Leste Europeu, floresciam tiranias de servidão primitiva. Enquanto isso, na Europa Ocidental, havia surgido uma variedade de administrações sociais. Estas iam da democracia (Florença) à monarquia absoluta (França), ao lado da oligarquia (Veneza); ao passo que, na Inglaterra, havia um reino prestes a adotar a Magna Carta, que concederia aos cidadãos direitos inalienáveis.

Quase todas essas sociedades estavam evoluindo – mais ou menos lentamente – à medida que procuravam absorver os avanços políticos, sociais, econômicos e científicos que se apresentavam. O progresso e a sobrevivência logo seriam a ordem do dia. Tudo isso leva a uma série de perguntas básicas. O que, precisamente, é progresso social? Quem deve se beneficiar dele? E qual é o seu objetivo? De fato, sequer tem um fim último, uma utopia? Essas difíceis perguntas continuam sem uma resposta definitiva até hoje, quando parece que a democracia social liberal e os avanços econômicos estão longe de ser o curso inevitável da futura civilização.

Tais perguntas começarão a aparecer espontaneamente quando examinarmos os impérios que surgem em épocas mais progressistas. E, como veremos, toda tentativa de encontrar até mesmo uma resposta provisória não é simples. São perguntas que continuam a censurar nosso impulso por construir impérios.

No entanto, parece que uma coisa podemos afirmar: a disseminação do Império Mongol por toda a Eurásia não resultou no que alguém veria como progresso. Ou sim? A história tem maneiras misteriosas de lidar com seus erros. Apesar da destruição massiva envolvida na invasão mongol, alguns viram esta "limpeza do terreno" como um prelúdio necessário, eliminando a rigidez social, política e cultural, o que abriu caminho para o surgimento de uma civilização mais adaptável e progressista.

Mas, antes, devemos ver o que essa desobstrução da história envolveu.

Em 1211, a invasão mongol, liderada por Gêngis Khan, espalhou-se para o oeste como fogo sobre um mapa, e com resultados similares. Eles cavalgaram por milhares de quilômetros pelo sul da Sibéria, atravessando as terras turcomanas, e então prosseguiram para o Império Corásmio. Este império de 5 milhões de pessoas ocupou a Pérsia maior e o oeste do Afeganistão, chegando ao mar de Aral, ao norte. Seu território incluía cidades históricas como Samarcanda e Bucara, que ficaram ricas com o comércio da Rota da Seda entre a China e a Europa. Mas, em dois anos, este império grande e sofisticado sucumbiu perante o exército de Gêngis Khan.

Como é que Gêngis Khan e seu exército de cavaleiros primitivos conseguiram realizar tudo isso, e com tamanha velocidade? Havia, sem dúvida, a eficiência e a ferocidade de seus combatentes, organizados em *tumen* – unidades de 10 mil homens galopando atrás do *tug*, um estandarte feito de pelo de cavalo preto. Mas como Gêngis Khan conseguiu incutir disciplina em tais cavaleiros ferozmente independentes? Como conseguiu que eles seguissem suas táticas e comandos pré-arranjados?

A vida do teórico militar chinês Sun Tzu, que escreveu *A arte da guerra* em torno de 500 a.C., oferece uma pista aqui. Sun Tzu recebeu ordens de se apresentar perante seu líder, que havia lido seu livro e queria testar a teoria do autor sobre como administrar soldados. Poderia inclusive ser aplicada a mulheres, por exemplo? É claro, respondeu Sun Tzu. Em seguida, ele dividiu as 180 concubinas do líder em duas companhias, cada uma delas armada com lanças, selecionando uma líder para cada companhia. Ele, então, tentou treinar os dois grupos, transmitindo ordens às suas líderes. Mas todas as jovens simplesmente caíram na gargalhada.

Sun Tzu explicou ao seu líder: "Se as palavras de comando não são claras e totalmente compreendidas, o culpado é o general". Ele ordenou que a líder de cada grupo fosse decapitada, substituindo-a por uma líder diferente. Quando as ordens seguintes foram dadas às líderes e transmitidas aos dois grupos, ambos os grupos as executaram prontamente e com grande eficiência. Embora, por certo, Gêngis Khan jamais tivesse lido Sun Tzu, seu método de incutir disciplina em seus homens era incrivelmente similar.*

Quanto ao resto, Gêngis Khan conhecia a velocidade, resistência e crueldade de seus cavaleiros, e empregou devidamente sua tática relâmpago. Uma ação típica era usar fogo pesado para abrir uma passagem pelas linhas inimigas para suas unidades de cavalaria, que então eram empregadas com máxima eficiência, perfurando a linha inimiga e, em seguida, dispersando-se atrás de sua retaguarda, cortando suas linhas de abastecimento e instaurando o pânico, o que fazia o inimigo fugir em todas as direções. A comunicação entre unidades separadas era mantida pelo uso de bandeiras. De fato, é aos mongóis que devemos a arte do semáforo.

O efeito duradouro dessas táticas pode ser observado no fato de que o general Panzer da Segunda Guerra Mundial, o alemão Heinz Guderian, mestre do Blitzkrieg, reconheceu que suas táticas foram inspiradas em Gêngis Khan. Mas a crueldade com que Gêngis Khan as aplicou é outro assunto. De acordo com o biógrafo de Khan, Jack Weatherford: "O objetivo de tais táticas era simples e sempre o mesmo: amedrontar o inimigo para que

---

* Tal crueldade não se restringe ao passado distante. O líder soviético Joseph Stalin, no século XX, um aficionado por manuais militares de autoajuda tanto quanto Gêngis Khan, adotou uma política estranhamente similar à recomendada por Sun Tzu. Durante o Grande Expurgo dos anos 1930 e, de fato, durante grande parte da Segunda Guerra Mundial, Stalin ordenou a execução de literalmente centenas de seus líderes militares (mais de oitenta por cento de seus comandantes na maioria dos setores foram expurgados), com um efeito salutar parecido sobre seus sucessores e os homens que eles comandavam.

este se rendesse antes que uma batalha real começasse". Qualquer um que resistisse poderia esperar o pior. Depois de tomar Samarcanda, Gêngis Khan ordenou que a população inteira se reunisse na planície do lado de fora dos muros da cidade. Lá, eles foram sistematicamente esquartejados, e suas cabeças decepadas foram dispostas em pirâmides.

Em Bucara, enquanto seus soldados mongóis incendiavam a cidade até não restar mais nada, Gêngis Khan se dirigiu à população remanescente na mesquita principal, anunciando que ele era o "flagelo de Deus" enviado para puni-los por seus pecados. Quando o exército mongol de Khan tomou Gurganj, a capital do Império Corásmio, o erudito persa do século XIII, Juvayni, registrou que os 50 mil soldados mongóis de Gêngis Khan foram comandados por seu líder para matar 24 cidadãos cada um. Como não havia cidadãos suficientes para cumprir tal ordem, e os soldados conheciam muito bem a punição por não cumprir as ordens de seu líder ao pé da letra, a consequência foi uma matança ágil e competitiva de centenas de milhares de pessoas, que foi chamada de "o massacre mais sanguinário da história humana".

Um retrato enigmático e um tanto brando de Gêngis Khan em idade avançada comunica pouco do terror absoluto que sua presença era capaz de inspirar. Foi feito cerca de 45 anos após sua morte, mas o artista consultou homens que conheceram Gêngis Khan de perto durante sua vida. Originalmente em preto e branco, foi suavizado por cores durante o século seguinte.

Gêngis Khan então regressou à Mongólia, mas enviou dois de seus generais mais leais, Chepe e Subutai, para o norte, com 20 mil cavaleiros. Este exército avançou sobre o Cáucaso e adentrou a Rússia. Lá, eles foram confrontados por um exército de 80 mil homens, os quais aniquilaram. Depois disso, em vez de ocupar este território, eles se retiraram: Gêngis Khan havia dado ordens para que esta fosse meramente uma "missão de reconhecimento".

Gêngis Khan.

Tal chacina exemplar nos leva ao problema mais profundo da moralidade, e a questões com relação à ética da conquista e do império. De fato, existe moralidade envolvida na empresa imperial? A justificativa usual para tais conquistas é disseminar a civilização progressista. Por trás disso, estão as questões mais fundamentais com relação à ética do império e à moralidade da própria civilização progressista. Tal ética e moralidade existem? Se sim, por que devemos considerá-las universais? Todos os seres humanos são iguais? Todos devem ser tratados da mesma maneira? Todos devem estar sujeitos às mesmas leis universais? Se sim, qual é a lei moral definitiva?

  Ao longo dos séculos, e ao longo de seu extenso alcance e influência, a tradição ocidental propôs respostas surpreendentemente similares. O livro bíblico do Levítico, escrito em torno de 1400 a.c., afirmou: "Amarás o teu próximo como a ti mesmo".* (Conforme Freud declararia: "O mandamento que é impossível de cumprir".) Apesar disso, injunções similares apareceriam no budismo, no taoismo, no hinduísmo e, com efeito, na maioria das principais religiões do mundo. Mil e quinhentos anos depois do Levítico, Jesus Cristo exortaria seus seguidores: "Como quereis que os outros vos façam, fazei também a eles".** Seis séculos mais tarde, Maomé pronunciaria: "Deseje para o seu irmão o que deseja para si mesmo".***

Mais de um milênio depois disso, o importante filósofo europeu Emmanuel Kant reconheceria que tal injunção não necessariamente envolvia uma crença em Deus. Mas sua análise da ética o levou a uma conclusão incrivelmente similar à desses teísmos anteriores, quando ele declarou que o princípio fundamental da moralidade seria: "Trate os demais como gostaria de ser tratado". Levaria outros trezentos anos para que os pensadores modernos reconhecessem que tal sentimento era inadequado. No entendimento de Freud, é psicologicamente impossível manter tal postura de modo permanente. Esta simplesmente não é a maneira como vivemos ou nos comportamos em uma situação social: nosso pensamento moral não funciona dessa forma.

O pensador líbano-americano Nassim Taleb transformou este princípio básico de moralidade em uma máxima que reflete com mais precisão nosso comportamento, pensamento ético e necessidades morais: "Não faça com os outros o que você não quer que façam com você". Esta dupla negação intempestiva pode fazer com que seja menos facilmente compreensível. (É,

---

* Bíblia de Jerusalém, Levítico 19:18. (N.T.)
** Bíblia de Jerusalém, Lucas 6:31. (N.T.)
*** AN-NAWAWI, Abu Zakaria. *Os quarenta hadith (ditos)*. Trad. Rodrigo Abu Abdurrahman. IslamHouse.com, 2007. Hadith 13. (N.T.)

simplesmente, o avesso, ou a inversão ilusionista, da máxima do Levítico/cristã/kantiana? Examine-a com cuidado: não é.)* Esta pareceria mais próxima de uma instrução básica para a orientação de nosso comportamento moral. Não tanto "ama o próximo", mas "procede com o devido cuidado"... Não é difícil ver Gêngis Khan aderindo a esta máxima. Para um menino cujo pai foi assassinado, cujo meio-irmão tramou para se casar com sua mãe, e que foi escravizado, padecendo a dor e a humilhação da canga, ele teria poucas ilusões sobre o que os outros queriam fazer com ele. E certamente escolheu agir de acordo, com pirâmides de cabeças e tudo mais. De fato, a questão de moralidade e império continua aberta, deixando-nos com pouco mais de clichês. O poder sempre tem razão; a história é escrita pelos vencedores; e assim por diante. Somente a análise em retrospecto dos historiadores começa a acrescentar alguma perspectiva a tais visões. Mas isso vem depois. No que concerne aos impérios, a certeza do presente em geral prevalece com praticamente a mesma convicção que a de Gêngis Khan.

Gêngis Khan morreria aos 65 anos de idade, em 1227 – ironicamente, de ferimentos internos após cair do cavalo enquanto atravessava o deserto de Gobi. Seu túmulo ainda não foi encontrado. Diz a lenda que um rio foi desviado sobre seu lugar de enterro para que este jamais fosse descoberto. Tal ritual nos remete aos primórdios da história: conta-se que tanto Gilgamesh como Átila, o Huno, foram enterrados da mesma maneira.

Mesmo antes da morte de Gêngis Khan, um *khuriltai* fora convocado para decidir quem, dentre seus filhos, deveria ser o sucessor. Isso acabara em amargura. Após sua morte, o império foi dividido em vários canatos governados por seus filhos. No

---

* O próprio Maomé declarou no hadith: "Não deseje para o seu irmão o que não deseja para si mesmo". No entanto, no século que se seguiu à conquista muçulmana, isso evidentemente foi suspenso.

O IMPÉRIO MONGOL

entanto, seu terceiro filho, Ogedei, finalmente seria reconhecido como o segundo "Grande Khan" do Império Mongol.

Ogedei era famoso por seu amor ao álcool, e, em sua nomeação como Khan, ele ficou tão bêbado que "abriu, de um golpe, o baú de tesouros do pai e, desenfreadamente, distribuiu todas as riquezas nele armazenadas".

Apesar de tal início infeliz, Ogedei se mostraria um governante mais competente. Ele não era inclinado a liderar exércitos mongóis em campanhas e preferiu permanecer na capital, Karakorum, supervisionando as campanhas e organizando a administração. A arrecadação fiscal em todo o império seguiu o exemplo do sistema chinês, o dinheiro era recolhido por coletores de impostos locais. De igual maneira, havia circulação de papel-moeda, com lastro em prata. (Na época, o próprio papel ainda era uma novidade na Europa, quem dirá o papel-moeda.)

O problema das comunicações em todo o vasto império já havia sido resolvido por Gêngis Khan, que instituíra uma rede de estações de retransmissão. Como o exército mongol se deslocava com velocidade, seu sistema de comunicações tinha de ser ainda mais rápido. Os mensageiros a cavalo podiam cobrir mais de 240 quilômetros por dia, em praticamente qualquer terreno. (Tal velocidade e eficiência só seriam equiparadas mais de seiscentos anos depois, com o advento do Pony Express, o primeiro serviço de telégrafo transcontinental, nos Estados Unidos.)

Embora Ogedei não liderasse seus homens na batalha, o império continuou a se expandir durante seu reinado, avançando sobre a Europa. Em 1241, os mongóis venceram a Batalha de Legnica na Polônia, e a Europa Ocidental jazia a seus pés. Então, espalhou-se por todo o império a notícia da morte de Ogedei, e os comandantes voltaram o mais depressa que puderam para participar do *khuriltai* para eleger um novo líder. Por tal acaso, a Europa foi salva de uma invasão mongol.

Uma situação estranhamente similar aconteceria em 1258, depois que os mongóis invadiram a capital abássida, Bagdá. O Egito e o que restava de todo o Império Abássida jaziam a seus pés. Espalhou-se a notícia de que o quarto Grande Khan, Möngke Khan, havia morrido, e os líderes, mais uma vez, galoparam para o leste a fim de participar do *khuriltai*, deixando para trás um exército mongol mal organizado. Em 1260, este foi derrotado na Palestina pelos mamelucos, na Batalha de Ain Jalut. O Egito, a África do Norte e Al-Andalus foram poupados do ataque mongol. Naquele mesmo ano, Kublai Khan se tornou o quinto Grande Khan do Império Mongol. Durante seu reinado, o império se dividiu definitivamente em quatro canatos. Em vez de tentar reunir o império, Kublai Khan voltou sua atenção para a China, ao sul, mudando sua capital para Cambalique (Pequim), com a intenção de formar um império totalmente novo.

Sequência

Os três canatos a oeste do reino de Kublai Khan foram o Canato da Horda Dourada (que ocupou o território ao norte do mar Negro e do mar Cáspio, estendendo-se para o norte e para o leste, onde atualmente se encontram a Rússia e o Cazaquistão), o Canato de Chagatai (Afeganistão e nordeste da Ásia Central, ao sul da Horda Dourada) e o Ilcanato (Grande Pérsia e região a oeste, até a Anatólia). Todos estes se converteriam ao islã (daí Il-canato), enquanto o reino de Kublai Khan adotou o budismo. A Horda Dourada finalmente daria lugar à Rússia, mas não antes de ter que lidar com um golpe que mudou o curso da história europeia.

Em 1348, os mongóis da Horda Dourada estavam cercando a cidade de Kaffa (atual Teodósia), na Crimeia, que era, na época, um porto comercial dos genoveses no mar Negro. Quando houve um surto de peste bubônica no exército mongol, eles catapultaram cadáveres empesteados por sobre os muros. (Alguns afirmam que este é o exemplo mais antigo de guerra biológica.) Consequentemente, os navios que partiam de Kaffa para a Europa transportaram a peste para a Itália. Em poucos anos, a Peste Negra (como veio a ser conhecida) havia se espalhado por toda a Europa, de Lisboa a Novgorod, da Sicília à Noruega, matando de 30 a 60% de toda a população, provavelmente mais de 100 milhões de mortes.

Um proto-Renascimento da cultura europeia, inspirado por uma variedade de fontes tão díspares como a corte siciliana de Frederico, o Grande ("*Stupor Mundi*"), ideias científicas e filosóficas importadas do mundo muçulmano, e a nova pintura naturalista do italiano Giotto, foi bruscamente interrompido, postergando em um século a Renascença italiana propriamente dita.

5

A DINASTIA YUAN

Kublai Khan proclamou a Dinastia Yuan em 1271, e tratou de completar sua conquista da Dinastia Sung do sul da China, o que finalmente uniria o norte e o sul da China pela primeira vez desde que esta se separara da Dinastia Jin, quase 150 anos antes. A China tradicionalmente floresceu durante os períodos em que o norte e o sul estiveram unidos. A unificação sempre se mostraria difícil em uma região tão vasta, embora os povos ocupando essa região sejam, e tenham sido ao longo da história, em sua maioria chineses han homogêneos.*

Toda consideração da história chinesa deve ser vista da perspectiva de seu longo passado, bem como do efeito que isso pode ter sobre seu futuro e, portanto, sobre o futuro da história mundial. Os efeitos e as influências podem levar séculos para ser compreendidos. Conta-se que, quando o líder comunista chinês do século XX, o presidente Mao, foi indagado nos anos 1960 sobre o impacto da Revolução Francesa, ele teria respondido: "é cedo demais para dizer".

Fontes posteriores, prejudicadas por uma ausência similar de fatos concretos, afirmam que essa observação na verdade foi feita por seu primeiro-ministro, Zhou Enlai, que teria se referido à Revolução Estudantil de Paris de 1968. A versão do presidente Mao ilustra melhor a atitude chinesa com relação ao

---

* A população atual da China é classificada como 90% de chineses han, com minorias como os uigures, um povo muçulmano de origem turcomana, os mongóis e outros, compondo o restante. No entanto, o país é tão populoso que a população uigur consiste em mais de 11 milhões de pessoas.

A Dinastia Yuan

efeito histórico. Até mesmo no comunismo chinês, é possível detectar influências budistas de longa data, que se faziam notar nas atitudes das dinastias do período Yuan em diante.

Ao contrário dos impérios anteriores que discutimos, os quais tiveram seus próprios mitos fundacionais, a Dinastia Yuan (1271-1368) nasceu de uma sucessão de dinastias anteriores. Na época de seu nascimento, a China dinástica já era uma cultura madura, com uma história praticamente contínua. Como já mencionamos, a civilização dos chineses han evoluiu de maneira independente na bacia do rio Amarelo, na China central, por volta de 2000 a.c., isto é, aproximadamente um milênio depois das civilizações mesopotâmica e do Nilo. Dessa civilização han, conta-se que surgiu a famosa primeira Dinastia Xia. O governo han pouco a pouco se espalhou por meio de "migração e assimilação", o que incluiu um processo de "sinização", a adoção da mesma dieta, escrita, língua, estilo de vida e cultura geral dos han.

A dinastia original de uma China imperial unida foi a Dinastia Qin, que começou em 221 a.C. Esta abarcou um território reconhecível como China, estendendo-se das fronteiras da atual Manchúria até o Vietnã, ao sul, e Sichuan, a oeste. Qin (pronuncia-se "Chin") é geralmente reconhecida como a origem do nome China. Esta dinastia é lembrada atualmente pelo imperador que a fundou, Qin Shi Huang, que morreu em 210 a.c. deixando para trás um exército de terracota, cujo propósito era protegê-lo após a morte. Surpreendentemente, este só foi descoberto por acaso em 1974, por alguns agricultores locais que estavam cavando um poço, o qual penetrou um grande mausoléu subterrâneo.

A construção do mausoléu de Qin Shi Huang é um feito comparável, em muitos aspectos, à construção da esfinge e das pirâmides. Seu "exército" era formado por mais de 8 mil soldados (todos com feições individualizadas), 130 carros de guerra e 670 cavalos. Estima-se que a construção destes, e do próprio mausoléu, escondidos sob um monte, teria envolvido 700 mil homens, trazidos de todas as partes do império. De acordo com Sima Qian, o pai da história chinesa, que escreveu no século seguinte:

O Primeiro Imperador foi enterrado com palácios, torres, oficiais, artefatos valiosos e objetos maravilhosos [...] cem rios fluindo foram simulados usando-se mercúrio, e, acima deles, o teto foi decorado com corpos celestes sob os quais estavam as características da terra.

Durante mais de dois milênios isso foi considerado uma fantasia, ou, quando muito, uma lenda. E, mesmo depois da descoberta do mausoléu de Qin Shi Huang, certas características da descrição de Sima Qian foram consideradas adornos imaginativos. No entanto, as investigações arqueológicas subsequentes revelaram altos níveis de mercúrio no solo que um dia obscureceu o mausoléu, suscitando todo tipo de pergunta com relação a "palácios, torres [...] artefatos valiosos e objetos maravilhosos" ainda não descobertos. Curiosamente, o manuscrito original de Qian não faz nenhuma referência a um exército de terracota, o que indica que possivelmente a própria existência dessa coleção sem precedentes permaneceu um segredo desde o início, com seus criadores sendo mortos.

    Isso também não é tão implausível quanto pode parecer. A outra grande construção datando do reinado do imperador Qin foi uma primeira versão rudimentar da Muralha da China, feita de pedras reunidas localmente e de terra compactada. O comprimento preciso desse muro continua desconhecido, já que a maior parte dele ou sofreu erosão com o passar dos séculos ou foi incorporada à estrutura atual. Ainda assim, sabe-se que cobriu quase 5 mil quilômetros.*

---

* Isto é, consideravelmente mais do que a distância entre Los Angeles e Miami, ou a extensão do Império Romano.

A Dinastia Yuan

Isso certamente dá uma ideia de como os chineses viam a ameaça das tribos nômades que ocupavam o vasto planalto ao norte. (Os mongóis só surgiriam como a tribo dominante quase 1,5 mil anos depois.) Ainda mais sugestivo desse temor chinês é o custo do muro de Qin. Este não era nenhuma obra de arte, como seu complexo e maravilhoso mausoléu – mas, no que concerne às vidas humanas, o custo foi até maior. De acordo com alguns historiadores modernos: "Estima-se [...] que centenas de milhares, se não um milhão, de trabalhadores morreram construindo o muro Qin".

Mas esse enorme dispêndio de vidas humanas seria seguido pelo assentamento das bases de uma civilização que, nos séculos seguintes, cresceria para igualar e então superar qualquer outra civilização no mundo. Não é nenhum exagero dizer que a Dinastia Qin criou o projeto social para a maioria das grandes dinastias que viriam nos dois milênios seguintes (ou mais, o que, como veremos, defendem alguns). E como a Dinastia Qin realizou esse feito – o qual, com o tempo, produziria um império, na forma da Dinastia Yuan, que era maior e mais civilizado que o de Roma, e mais artística e tecnologicamente criativo que os califados?

Foi a Dinastia Qin que instigou um governo centralizado e empregou um vasto quadro de funcionários públicos composto de oficiais eruditos para administrar todo o império. Este último fato é vital para compreender a cultura chinesa. Tal administração vasta envolvia o governo de oficiais específicos, em vez de governar de acordo com um código legal estabelecido. O que fosse considerado comportamento rebelde ou criminoso era submetido a sanções penais. Mas, sem um código jurídico universal, o que guiava esses oficiais eruditos em sua administração da justiça?

É aqui que vemos a influência abrangente de Confúcio. Não à toa seus ensinamentos foram caracterizados como "a filosofia dos funcionários públicos". Confúcio morrera cerca de três séculos antes, mas nessa época seus ensinamentos haviam se tornado muito mais do que uma filosofia ou uma religião. *Os analectos de Confúcio*, uma coleção de seus dizeres meticulosamente reunidos por seguidores após sua morte, nessa época circulava por toda parte. De fato, eles haviam se tornado uma orientação ética e espiritual que encarnava todo um estilo de vida. Para ser parte do quadro de funcionários públicos, era preciso conhecer profundamente os ensinamentos confucionistas. Os exames de admissão eram particularmente extenuantes, com os candidatos trancados em celas minúsculas contendo apenas uma tábua usada como escrivaninha e um balde, por um período de até três dias. Eram planejados para eliminar membros de famílias com conexões importantes, parentes de funcionários públicos anteriores e similares. Garantiam que a admissão fosse totalmente uma questão de mérito. A Dinastia Qin duraria apenas quinze anos, sendo, de longe, a mais breve das grandes dinastias chinesas, mas "inaugurou um sistema imperial que durou, com interrupções e adaptações, até 1912": o ano em que o último imperador abdicou e a República da China foi fundada.*

Então, quais são os ensinamentos de Confúcio, que moldaram tanto o caráter chinês? Seu objetivo final era alcançar a harmonia, tanto na esfera pessoal como na esfera civil. No nível pessoal: "Quando um indivíduo cultiva ao máximo os princípios de sua natureza, e os exerce com base no princípio de reciprocidade, não está longe do caminho". Acrescentando, como indício de sua compreensão de como nos comportamos de fato, o tão conhecido: "Aquilo que não desejas para ti mesmo não imponhas aos outros".**

---

* Somente o judaísmo pode reivindicar uma continuidade mais longa; somente a tradição intermitente da democracia tem longevidade filosófica equivalente.
** CONFÚCIO. *Os analectos*. Trad. Claudia Berliner. São Paulo: Martins Fontes, 2005. cap. 12.2. (N.T.)

A Dinastia Yuan

Mas, como com tantos, ele se viu forçado a desconsiderar tal sentimento quando se tratou da atividade prática da administração, que é, obviamente, a imposição de poder, desejada ou indesejada, não importa quão dissimulada. O Confúcio piedoso recomenda: "Quem governa pela virtude é como a estrela polar, que permanece imóvel no seu lugar [...]".* O Confúcio mais prático recomenda: "[...] É preciso resolver os negócios com dignidade e boa-fé; ser econômico e amar todos os homens [...]".**

O budismo, com sua mensagem de compaixão e desapego a este mundo, chegaria à China no século seguinte ao da Dinastia Qin. No início, o confucionismo abominou sua abordagem niilista, mas o budismo finalmente deixou uma marca profunda no caráter nacional chinês. Na época do advento da Dinastia Yuan, havia se tornado a religião oficial. A razão para a profunda concordância do budismo com os chineses não é difícil de se perceber. A destruição em massa quase casual da vida humana, testemunhada na Dinastia Qin, por exemplo, invariavelmente seria seguida de um ressurgimento cultural, que, no entanto, continha as sementes de sua própria destruição. Essa roda da fortuna sempre em movimento levava a incertezas generalizadas, o que naturalmente incentivava o abandono das ambições mundanas defendido pelo budismo.

Tais ciclos foram uma característica recorrente da história chinesa. Os dois exemplos mais recentes são, talvez, os mais instrutivos. A disputa antes, durante e depois da Segunda Guerra Mundial durou de 1937 a 1949 nesta parte da Ásia. Durante esse período, a China foi devastada pela invasão japonesa e então pela guerra civil, ambas envolvendo chacinas entre a população civil, bem como entre os participantes militares. Tais eram a brutalidade e o caos, que normalmente são aceitas as estimativas de mais de 15 milhões de chineses mortos.

---

* Ibid., cap. 2.1. (N.T.)
** Ibid., cap. 1.5. (N.T.)

Mas, em poucas décadas, sob a ditadura comunista do carismático presidente Mao Tse-tung, esta terra devastada embarcou no "Grande Salto para Frente". Este viria a "transformar a produção agrícola, usando comunas populares para percorrer o caminho do socialismo ao comunismo, da pobreza à abundância". No processo, a China se tornaria uma superpotência mundial, capaz de resistir à força combinada das potências ocidentais na Guerra da Coreia, inclusive competindo com a União Soviética pela liderança do mundo comunista.

O fato de que tudo isso continha as sementes de sua própria destruição seria visto na decisão do presidente Mao de lançar em 1966 a Revolução Cultural, a qual pretendia mobilizar o povo mais uma vez e regressar ao básico da "pureza ideológica". *O livro vermelho* de citações de Mao assumiu o papel dos *Analectos* de Confúcio, e uma onda de destruição foi lançada por todo o território. Quantos morreram durante essas revoltas? "Ninguém sabe, porque ninguém contou." Estimativas subsequentes indicam que mais de 3 milhões de pessoas morreram, e 100 milhões de pessoas (um nono da população) foram desarraigadas e deslocadas durante essa agonia de autodestruição e fome, que praguejaria a China por uma década.

Mas, em menos de quarenta anos, esse país devastado havia dado o maior "salto para frente" já testemunhado na história humana, construindo a maravilha arquitetônica do mundo na forma da orla de Xangai, enviando um foguete à lua, e tornando-se a segunda maior economia do mundo. Tudo isso sem a democracia social liberal e o livre mercado que eram considerados essenciais para o rápido crescimento econômico. Se esta também contém as sementes de sua própria destruição – visto que um autoritarismo de proporções dinásticas coexiste, desconfortavelmente, com uma liberação de criatividade, energia e mobilidade social nunca antes presenciadas em tal escala – é algo que ainda não sabemos.

A Dinastia Yuan

Tudo isso nos coloca em um contexto adequado para começar a examinar em detalhes a Dinastia Yuan, também conhecida como o Grande Yuan. E por quê? O mais pertinente, talvez, é que a Dinastia Yuan se encontra em uma posição intermediária estratégica entre a Dinastia Qin, original, e aquela que, por falta de um nome melhor, poderia ser chamada de dinastia pós-Mao. Em certo momento em todas as três dinastias, foi possível afirmar que a China estava pronta para liderar o mundo. Mas foi somente durante a Dinastia Yuan que isso se concretizou.

Quando Kublai Khan finalmente concluiu a conquista da Dinastia Sung em 1279, ele não seguiu o exemplo do avô Gêngis Khan. Durante a longa e árdua campanha que precedeu essa vitória, o exército mongol não foi lançado em sua orgia de destruição tradicional, com populações dizimadas, cidades arruinadas e pirâmides de crânios. Kublai Khan tratou de sinizar a si mesmo e a seu governo. A capital foi estabelecida em Cambalique (Pequim), e ele, num ato de benevolência, convidou a imperatriz viúva da Dinastia Song e seu neto de oito anos, o imperador Gong de Song, para residir na cidade sob sua proteção.

Ao mesmo tempo, Kublai Khan embarcou em uma política de mais expansão, desta vez indo além da China, em busca de um império pan-asiático. A Coreia e a Manchúria logo caíram. Foram lançadas invasões contra o Vietnã do Norte e o reino sul-vietnamita de Champa, bem como a Birmânia e o território tailandês. Para o norte, sua marinha atacou o grande território insular de Sacalina, na costa leste da Sibéria. Nenhum desses territórios foi totalmente conquistado, mas a maioria deles foram forçados a admitir status de vassalos da China Yuan.

No entanto, apesar das tentativas repetidas de invadir o Japão – uma delas com uma frota de quase mil navios –, o clima, a construção de navios com defeito e a resistência feroz do samurai, além de mapas imprecisos, tudo isso se combinou para frustrar as ambições de Kublai Khan. Outra invasão da

Java distante se mostrou igualmente fracassada, mais uma vez, frustrada por mapas malfeitos. Outros empreendimentos cartográficos tiveram mais sucesso. Os países ao longo da Rota da Seda foram mapeados com precisão, com a ajuda de geógrafos islâmicos. De maneira similar, o famoso "mapa do mundo" Kangnido, que data de antes do almirante Zheng He empreender suas próprias grandes viagens, indica que os geógrafos da Dinastia Yuan estavam muito cientes da existência da Índia, da Arábia e da África – embora um pouco incertos quanto à sua forma e tamanho reais.

Os mongóis e seu imperador, Kublai Khan, podem ter conquistado a China, mas o extenso território que ocuparam e governaram continha uma civilização muito mais avançada do que a dos mongóis. Na verdade, a primeira grande contribuição de Kublai Khan a essa civilização foi, simplesmente, não a destruir. Inevitavelmente, os anos de guerra contra a Dinastia Song haviam resultado em destruição generalizada. De fato, a cidade no sítio daquela que se tornaria Cambalique fora reduzida a ruínas. Mas, como parte do processo de sinização, Kublai Khan ordenou que uma nova capital fosse construída no estilo chinês. No início, ele e seus comandantes mongóis, em sua maior parte, presidiram os novos domínios, mas, com o passar dos anos, o novo imperador Yuan faria sua própria contribuição marcante.

Quando Marco Polo chegou ao palácio de Kublai Khan em Cambalique por volta de 1275, vários anos depois de começado o reinado do novo imperador, ele encontrou "o maior palácio que já existiu [...] O saguão do palácio é tão grande que pode facilmente acomodar 6 mil pessoas". A própria cidade era cercada por muros de quase dez quilômetros de comprimento por dez de largura. Este era um dos terminais da Rota da Seda, e a cidade tinha alojamentos separados para mercadores estrangeiros de diferentes religiões. Estes incluíam nestorianos (cristãos de uma seita herege que havia sido banida da Europa muitos anos antes),

A Dinastia Yuan

judeus, "sarracenos" (muçulmanos) e até mesmo maniqueístas (uma religião dualista persa que, por um breve período durante a época romana, rivalizou com o cristianismo, e que os chineses classificaram como "vegetarianos adoradores do demônio").

Como isso mostra, a Rota da Seda foi responsável não só pela disseminação do comércio, como também de ideias, e foi por volta desse período que as ideias dos cientistas filósofos islâmicos começaram a chegar na China, promulgando a filosofia aristotélica e a medicina grega. Os médicos muçulmanos chineses ficaram responsáveis pelo estabelecimento de hospitais, e Cambalique ficou conhecida como "o Departamento da Grande Misericórdia".

A maior contribuição interna de Kublai Khan foi a dragagem e a reabertura do antigo Grande Canal da China, o que levou ao ressurgimento da economia chinesa. Partes desse canal datavam de 500 a.C., mas foi só um milênio depois que foi conectado em toda a sua extensão de 1,6 mil quilômetros, antes de se deteriorar nos séculos seguintes. Esta incrível obra de engenharia continua sendo, até hoje, a mais antiga e mais longa via navegável artificial do planeta. Quando Kublai Khan reabriu o canal, este começava em Cambalique, passava pela região interiorana do leste da China e chegava à cidade de Hangzhou, que, trezentos anos antes, havia sido a capital da China.

Quando Marco Polo chegou a Hangzhou, "a cidade do céu", ele mal pôde acreditar no que viu:

> A cidade mais sofisticada e esplêndida do mundo, repleta de vias navegáveis amplas e espaçosas. De um lado da cidade, há um lago de água doce, clara como cristal. Sua orla tem 48 quilômetros de comprimento e está repleta de palácios e mansões imponentes, de tal esplendor que é impossível imaginar algo mais bonito. Estas são as moradas de nobres e magnatas. Ao mesmo tempo, há também cate-

drais e mosteiros. A superfície do lago é coberta com todo tipo de barcas repletas de pessoas em busca de prazer [...]

Não havia cidade como essa na Europa, nem em qualquer outra parte do mundo. Mesmo Veneza parecia uma pobre imitação em miniatura. Mais uma vez, chegamos ao conceito de história não linear, em que regiões separadas se encontram, simultaneamente, em estágios diferentes de desenvolvimento histórico. No último califado que restava, Al-Andalus, a mistura de religiões e conhecimento havia proporcionado uma efervescência de ideias, com arquitetura esplêndida como a Grande Mesquita em Córdoba e os jardins de Alambra em Granada; mas tudo isso esteve em perigo com o avanço dos exércitos cristãos rumo ao sul, através da península Ibérica.

Enquanto isso, no coração da Europa, a Idade das Trevas havia dado lugar a uma revivificação da educação, com grandes centros de aprendizado, como a Sorbonne, em Paris, atraindo estudantes de toda parte, bem como um ressurgimento da arquitetura com equipes de pedreiros e artesãos qualificados erigindo catedrais góticas nos centros de cidades por todo o continente. Mas nada disso se comparava aos esplendores de Hangzhou.*

---

* Vale enfatizar, aqui, que a história não linear moderna está longe de ser confinada à São Francisco de Milton Friedman. Pode ser vivenciada por qualquer um que se aventurar a ir além do perímetro de um resort litorâneo tropical do século XXI e adentrar os séculos anteriores do mundo em desenvolvimento ao seu redor.
Além disso, alguns anos atrás eu vi na televisão um dos exemplos mais extremos e pungentes de história não linear. Um astrônomo, de ascendência indígena, estava trabalhando em um observatório no Novo México. Após demonstrar seu telescópio e sua capacidade de detectar estrelas a bilhões de anos-luz de distância, ele saiu para a plataforma a céu aberto. Durante a noite, apontou para as fogueiras de uma reserva de índios, onde eles continuavam encenando seus rituais pré-históricos. "É de lá que eu venho."

A Dinastia Yuan

Na época dos romanos, a Europa liderara o mundo; durante os califados, o Oriente Médio vira a civilização mais avançada; e agora a China estava começando a emergir como líder mundial. Mas desta vez havia algo totalmente novo. A Europa e o Oriente Médio intercambiaram ideias e tecnologias enquanto seus navios comerciavam pelo Mediterrâneo. A China, por outro lado, era em grande parte *sui generis*, desenvolvendo suas próprias ideias em isolamento e mantendo seus segredos. Um exemplo ilustrativo é a Rota da Seda, que já estava bem desenvolvida na época em que foi descrita por Heródoto no século V a.C.

O propósito dessa rede de rotas de comércio interligadas reside em seu nome. A China havia descoberto como produzir seda, que se tornou um luxo valorizado no Ocidente. A fabricação desse produto, que era fiado pelo bicho-da-seda em sua crisálida, permaneceu um segredo bem guardado. Foi só no século X que dois monges nestorianos conseguiram contrabandear ovos de bichos-da-seda, escondidos nas extremidades ocas de seus cajados, possibilitando que o segredo chegasse ao Ocidente.

A China faria várias descobertas fundamentais que permaneceriam secretas até o conhecimento de sua fabricação vazar para o Ocidente. Em muitos casos, embora não em todos, isso resultaria em ainda mais desenvolvimento, o que muitas vezes mudaria a face da história mundial. Os chineses inventaram o papel e desenvolveram seu processo de fabricação durante os séculos I e II d.C. Levaria quase um milênio para essa técnica chegar à Europa. Do mesmo modo, a pólvora foi descoberta pelos chineses perto da virada do primeiro milênio da era cristã. Seu uso militar logo seria explorado em armas como as "flechas de fogo", o "canhão de órgão" e as "bombas de trovão" (similares às granadas de pedra), cujos estilhaços eram capazes de infligir feridas letais em uma extensa área.

Ironicamente, a pólvora foi descoberta por alquimistas chineses que estavam à procura do elixir da longa vida: a substância mítica que prometia preservar a vida, e a juventude, a quem a bebesse. Este era muito apreciado pelos imperadores chineses. O primeiro imperador qin, Qin Shi Huang, é conhecido por ter morrido de "envenenamento por elixir" em 210 a.c. Os ingredientes do elixir preparado por alquimistas imperiais posteriores incluíam pérola moída, folha de ouro e outras substâncias preciosas conhecidas por sua incorruptibilidade. Alquimistas mais ambiciosos introduziram mercúrio e sais de arsênico, que tinham o efeito oposto ao desejado. A busca dos alquimistas chineses por um elixir da longa vida continuaria a liderar o mundo até a Dinastia Qing do século XVIII.

Esse conhecimento também se espalharia para a Europa, ganhando crédito entre médicos talentosos e suscetíveis. Lourenço, o Magnífico, deitado em seu leito de morte na Florença do século XV, foi medicado com um elixir contendo pérola moída, que cairia na predileção dos médicos ingleses vitorianos que atendiam os ricos. O sonho da vida eterna é um conto de fadas persistente, que ocupou um lugar permanente em cada grande império em toda a história humana. Persiste até hoje na forma de criogenia, em que um plutocrata crédulo paga para que seu cadáver seja congelado a 130 graus Celsius negativos, na expectativa de um dia regressar para surpreender seus ancestrais.

Mas voltemos à – infelizmente, mais realista – inflição de morte. Levaria vários séculos para a fórmula da pólvora chegar à Europa, onde seu potencial foi pouco compreendido, e ela seria usada principalmente na produção de espetaculares fogos de artifício. Foram a invasão mongol do Oriente Médio e do Leste Europeu e o uso disseminado que seus cavaleiros fizeram das flechas de fogo explosivas que alteraram essa percepção. Ao testemunhar essa nova arma, algum inventor não lembrado fez uma simples conexão de gênio e inventou o canhão.

De acordo com o historiador árabe do século XX Ahmad al-Hassan, os mamelucos vitoriosos usaram "o primeiro canhão

A Dinastia Yuan

da história" na Batalha de Ain Jalut, que deteve os mongóis em 1260. Esta afirmação continua sendo questionada, mas o que não se pode questionar é o efeito transformador do canhão sobre a história militar. A partir de então, os dias de castelos, flechas, armaduras, cavalaria, e toda forma de equipamento militar estavam contados. Com o advento da artilharia, a guerra nunca mais seria a mesma.* Não é de surpreender que os chineses também tenham inventado o canhão para si próprios. Em 1341, o historiador Xian Zhang registrou que uma bola atirada de um "canhão [poderia] perfurar o coração ou a barriga ao atingir um homem ou cavalo, e trespassar várias pessoas de uma só vez". A lista de invenções culturais totalmente desenvolvidas pela Dinastia Yuan continua a impressionar. A maioria destas chegaria à Europa, com mais ou menos demora, por meio da Rota da Seda. Outras permaneceriam exclusivamente chinesas.

As descobertas yuan mais influentes transformaram a civilização ocidental, quando finalmente chegaram ao mundo exterior. Como vimos, o papel havia sido inventado algum tempo antes, e a Dinastia Song inclusive experimentara o papel-moeda. No entanto, foram os administradores habilidosos da corte Yuan que levaram essa ideia ao limite, com a introdução de um sistema centralizado de papel-moeda. Este poderia não só ser impresso por blocos de madeira especiais na Casa da Moeda Imperial, como também ser usado para controlar a economia. Nunca antes o papel havia sido usado como forma prevalente de dinheiro em todo o território.

Esses primeiros financistas chineses não só inventaram essa forma de dinheiro como também entenderam como usá-lo.

---

* Dada a natureza da mente militar, este fato levaria séculos para ser compreendido. Não é de surpreender que Napoleão tenha aprendido seu ofício como um modesto oficial de artilharia, e, mesmo meio século depois, muitos seriam incapazes de reconhecer a Carga da Brigada Ligeira como uma celebração de futilidade.

Conforme vimos, administrações chinesas anteriores haviam introduzido várias tentativas de papel-moeda com lastro em prata. Mas o papel-moeda da Dinastia Yuan – conhecido como *chao* – era uma moeda por decreto. Isto é, não era lastreada por nada além da regulação do governo, que simplesmente *declarava* que valia o que valia. Portanto, era o que hoje se conhece por moeda fiduciária: depende unicamente da confiança daqueles que a usam.* Isso não era pouca coisa. A primeira tentativa de introduzir cédulas similares na Europa viria cerca de quinhentos anos depois. Em 1720, o financista escocês John Law seria colocado a cargo do tesouro francês e começaria a emitir papel-moeda, um experimento que acabaria em desastre. (A França só voltaria a aceitar o papel-moeda quase um século depois.)

Outra grande conquista da Dinastia Yuan foi o estabelecimento da prensa móvel de impressão moderna. Vários métodos de impressão já eram conhecidos na China havia alguns séculos, mas foi um funcionário público chamado Wang Zhen que definitivamente reinventou a impressão em 1298, com tipos móveis de madeira contendo os muitos caracteres do alfabeto chinês. Isso possibilitou o estabelecimento de prensas móveis capazes de produzir livros inteiros em massa. Foi só no século seguinte que este método seria estabelecido na Europa por Johannes Gutenberg. Precisamente o quanto ele sabia sobre os métodos chineses que haviam se espalhado para o Oriente Médio é algo que continua obscuro.

De todo modo, essa invenção revolucionaria a China, e então a Europa, onde seria um catalisador para o Renascimento,

---

* Atualmente, todas as moedas do mundo são moedas fiduciárias. A constante emissão excessiva de papel-moeda, resultando em inflação e em desvalorizações espetaculares, nos faz lembrar da precariedade de tais moedas. Também mostra a expertise com que esses financistas pioneiros da Dinastia Yuan administraram essa nova forma de dinheiro que haviam inventado.

A Dinastia Yuan

disseminando imagens, conhecimento e novas ideias. Na China yuan, promoveria uma transformação singularmente oriental da cultura e das artes. Em especial, isso incluiria o desenvolvimento de uma forma de drama marcadamente chinesa, a invenção do romance como forma literária, e a evolução da pintura de paisagem como uma forma de expressão poética. Um ponto alto foi a criação de "As Três Perfeições", uma forma de arte tipicamente chinesa, que combinava poesia, caligrafia e pintura em uma única obra. No entanto, a mais primorosa criação da Dinastia Yuan foi o desenvolvimento de uma porcelana azul e branca, que nunca seria superada.*

Um exemplo das Três Grandes Perfeições da Dinastia Yuan: poesia, caligrafia e pintura.

Mas é, talvez, na ciência que a Dinastia Yuan se sobressaiu. Três séculos se passariam até que Galileu cristalizou a revolução científica na Europa com sua percepção de que "o universo está escrito na linguagem da matemática". Mas, a essa altura, os

---

* Hoje em dia, belos exemplares da porcelana azul e branca yuan podem chegar a valer mais de 3 milhões de libras, superando inclusive a porcelana ming, mais conhecida.

cientistas e matemáticos chineses já estavam fazendo descobertas que maravilhariam seus contemporâneos europeus tanto quanto o relógio ornamentado de Harune Arraxide surpreendera a corte de Carlos Magno na Idade das Trevas. Em 1290, Guo Shoujing, astrônomo yuan, havia concluído um calendário que calculava o ano terrestre como 365,2425 dias, isto é, com apenas 26 segundos de diferença de sua medição atual. Ele também resolveu um problema hidrológico importante na conclusão do Grande Canal, e inventou uma gama de equipamentos de medição astronômica, a qual só seria superada com a invenção do telescópio.

À luz de tais avanços, não é de surpreender que o matemático yuan do século XIII, Zhu Shijie, tenha "levado a álgebra chinesa ao nível mais alto". Em particular, ele concebeu um método para resolver equações simultâneas com quatro incógnitas, introduziu métodos de matriz, bem como o que hoje conhecemos como triângulo de Pascal. Este é, mais uma vez, um exemplo clássico de história não linear. Esses conceitos algébricos continuariam desconhecidos na Europa até que fossem descobertos de maneira independente, cerca de três séculos depois. Matemáticos chineses e europeus continuariam a desenvolver em paralelo, mas de maneira desigual e sem contato entre si, durante muitos anos.

Um paralelismo similar, de um tipo mais sincrônico, pode ser observado no desenvolvimento da bússola. A bússola era conhecida na China desde a Dinastia Qin, quando fora usada para práticas esotéricas de adivinhação. Sua ascensão da charlatanice ao uso na navegação marítima foi resultado direto da perspectiva científica yuan. Enquanto isso, avanços idênticos estavam acontecendo de maneira totalmente independente na Europa, possibilitando que os navegantes medievais se aventurassem a atravessar diretamente o golfo da Biscaia, em vez de contornar a costa. Isto, é claro, não foi nada em comparação com as jornadas marítimas realmente impressionantes de Zheng He durante a Dinastia Ming que se seguiu.

A Dinastia Yuan

No século XIV, a Dinastia Yuan estava começando a se desintegrar. No fim, seu sucesso em tantas áreas se mostrou incompatível. Recordemos a descrição de Marco Polo acerca da orla lacustre em Hangzhou, que era margeada por nada menos que cinquenta quilômetros de palácios majestosos e mansões esplêndidas. O rápido progresso econômico, como sempre, havia levado a vantagens excessivas para as camadas mais altas da sociedade, enquanto as massas continuavam prejudicadas pelos impostos. O conflito de classes se tornou inevitável. Tais problemas foram exacerbados por uma série de desastres naturais. Três vezes o rio Amarelo transbordou, causando enchentes catastróficas, fome e a perda de vidas.

O fim veio com uma revolta de camponeses, que rapidamente se espalhou de província em província. Os militares também se revoltaram, e em 1368 a capital caiu e um novo imperador han foi instalado no lugar do imperador mongol. A Dinastia Ming havia começado.

Esta também seria uma das grandes dinastias, embora não tão formativa quanto a Dinastia Yuan. E também continha as sementes de seu próprio desastre, que transformaria a China durante séculos. Os oficiais eruditos confucionistas, que haviam sido tão instrumentais na criação de uma administração imperial eficiente e coordenada, tornaram-se reacionários, com tradições rígidas e corrupção insidiosa. Tal instituição não abraçou facilmente os novos desafios impostos pelas invenções científicas e pela exploração pioneira do almirante Zheng He e de outros. Essas coisas só fizeram perturbar a harmonia pessoal e civil requerida pelos ensinamentos confucionistas.

Nas primeiras décadas do século XV, a administração havia começado a prevalecer sobre o imperador. A China se isolou do mundo exterior, e a revolução científica se estagnou. A sociedade progressista que liderara o mundo começou a se ossificar. Os vasos, a poesia, a arte e a ópera da Dinastia Ming alcançaram a perfeição. A harmonia se tornara absoluta. E estática.

Sequência

Nessa época, civilizações haviam começado a se desenvolver em várias partes do mundo. Estas iam do Império Songai na África Ocidental ao Império Mogol na Índia, bem como a Rússia de Ivan, o Terrível, que emergira no Ducado de Moscou após a expulsão da Horda Dourada. Tais impérios desenvolveram suas próprias características, que muitas vezes incorporavam influências externas deixadas para trás por conquistadores ou importadas por comerciantes – tais como os caravanistas transiberianos, ou os navegantes persas percorrendo as vias marítimas meridionais da Rota da Seda. Outras civilizações continuaram a existir em isolamento fragmentado, como os aborígenes da Austrália e as tribos nativas da América do Norte.

Como a São Francisco do economista Friedman, todos os estágios do desenvolvimento humano existiam simultaneamente. Cada um deles continua seu próprio núcleo de singularidade, embora não mais do que o próximo império que iremos considerar. Este desenvolveria sua própria versão de sofisticação, intocado pelos avanços em outros lugares. De fato, sua própria existência nos leva a questionar a inevitabilidade, ou não, da evolução humana.

Estávamos fadados a nos tornar o que somos? Está em nossos genes, algo predito em nossa interação social, algo intrínseco à própria natureza da sociedade? O que a vasta humanidade retém em comum? Tais perguntas são necessariamente suscitadas pela própria existência do Império Asteca. A cultura, os costumes e toda a estrutura social desse império, que se desenvolveu no isolamento da Mesoamérica, levam a todo tipo de questionamento.

6
O Império Asteca

Como o Império Mongol, o Império Asteca foi breve e sanguinário, após o qual suas influências foram praticamente expurgadas da história. No entanto, ressonâncias culturais mais profundas continuariam não reconhecidas. Talvez a imagem mais impressionante disso venha de uma civilização similar, o Império Inca, que se desenvolveu de maneira independente na costa oeste da América do Sul.

Alguns anos depois da conquista dos incas pela Espanha, um jovem padre católico recém-chegado de sua terra natal estava conduzindo uma missa em uma catedral local. Olhando para a fileira de rostos incas mal iluminados, abaixo – sua congregação supostamente convertida –, ele percebeu que, apesar das aparências, eles estavam, na verdade, praticando sua antiga religião. Com efeito, inclusive haviam decorado a catedral de tal maneira que Cristo, a Virgem Maria e as estátuas de santos, todos haviam adquirido a aparência de deuses incas. A súbita percepção desse jovem padre – de que ele, inconscientemente, estava oficiando os rituais de uma deidade obscura, de cujos mistérios pagãos nada sabia – teve um efeito tão traumático sobre ele, que o levou a sofrer um colapso mental.

Como o breve Império Mongol, seu contemporâneo do outro lado do globo, o Império Asteca também estava dilacerado por contradições tão terríveis quanto as atrocidades mongóis. Um epítome da arte asteca pode ser visto nos crânios em tamanho real, assustadoramente belos, porém arrepiantes, que foram esculpidos em peças inteiras de quartzo transparente. Acreditava-se que as marcações diáfanas do cristal no interior dos crânios vítreos contivessem os segredos da história e do destino final da humanidade.

Vários desses crânios pertencentes a coleções nacionais de prestígio, tais como o magnífico crânio no Museu Britânico, se mostraram farsas realizadas habilidosamente séculos atrás. Mas seu poder – que certamente mimetiza os originais dos quais foram copiados – é tal que as autoridades quase sempre tomaram a decisão excepcional de mantê-los expostos.

Menos perturbadora, embora igualmente original, é a arte pictórica produzida pelos astecas, desenhada sobre pele de veado estirada ou folhas de sisal (fibra de agave) secas. Estas cenas registradas da história asteca têm uma veracidade que, embora em estilo totalmente diferente, se assemelha à da tapeçaria de Bayeux, que registrou a invasão normanda da Inglaterra em 1066. Mas, ao contrário da tapeçaria de Bayeux, estas foram reunidas como códices, ou livros, tais como o Códice Mendoza.

Como o nome indica, os artefatos astecas originais só foram reunidos em livros após a conquista espanhola. Originalmente, esses desenhos apareceram em folhas longas e cuidadosamente dobradas, e contavam suas histórias de maneira similar aos materiais que compõem a tapeçaria de Bayeux. Incluídos nos códices astecas, há maravilhas como um homem observando um cometa passar pelos céus e vários exemplos de vestimentas e cocares exóticos usados em ocasiões cerimoniais, frequentemente adornados com as plumas coloridas das araras e das aves-do-paraíso da região.

Por outro lado, muitos dos desenhos retratam cenas de horror impronunciável, pelo menos aos olhos ocidentais. Retratam homens reunidos em festas de canibalismo ritual; um homem ainda vivo, olhando para cima, enquanto seu coração recém--arrancado é segurado no alto, escorrendo sangue; exemplos de "autossacrifício" envolvendo "sangria sincronizada", onde os participantes perfuravam o próprio corpo com espinhos de cactos.

Ritual asteca de sacrifício humano, arrancando o coração da vítima viva.

Mesmo na vida cotidiana, a beleza simples frequentemente coexistia com a barbaridade excruciante. Esta era uma sociedade cuja moeda era o chocolate, mas, para pagar os deuses por mantê-los vivos, os rituais de assassinato em massa desencadeavam ondas de sangue que escorriam pelas escadarias de suas pirâmides altaneiras.

O que há nas estruturas semipiramidais e sua aparente ubiquidade nas sociedades antigas? As pirâmides astecas não eram como as pirâmides egípcias clássicas, mas tinham uma estranha semelhança com os zigurates babilônicos. Os chineses também construíram estruturas piramidais – o monte que abrigava o exército de terracota do imperador Qin tem uma certa semelhança com uma, que provavelmente foi mais impressionante quando erigida pela primeira vez. Assim como as estupas budistas da Índia, as mais antigas datam do século IV a.c. E, poucas décadas depois, alguns arqueólogos chineses se depararam com uma pirâmide escalonada de 5 mil anos nas montanhas remotas da Mongólia. A Babilônia, o Egito, o México, a China, a Índia e agora a Mongólia – e, talvez, ainda mais exemplos à espera de serem descobertos em outras partes remotas do globo... a construção de pirâmides é, de algum modo, um estágio universal do desenvolvimento humano? Em muitos dos casos acima, não é possível que tenha havido contato entre os povos que construíram essas pirâmides. Isso significa que existe algo em nossa história comum que leva as civilizações em determinado estágio de seu desenvolvimento a despender o enorme esforço requerido para erigir tais objetos gigantescos? Será esta forma algum tipo de arquétipo, que espreita em um nível subconsciente da mente humana?

O psicólogo suíço do século XX, Carl Jung, que baseou sua compreensão da mente humana na existência de um inconsciente coletivo contendo tais arquétipos, certamente nos levaria a acreditar que sim. Mas não existe nenhum método científico rigoroso para testar tal teoria. Então, qual é a importância desta forma na história díspar da humanidade – uma forma cuja aparição frequentemente está separada por milhares de quilômetros e milhares de anos?

Os primeiros zigurates escalonados da Mesopotâmia datam de aproximadamente 3000 a.C. As primeiras pirâmides egípcias, que eram igualmente escalonadas, datam de cerca de 2750 a.C., e podem muito bem ter sido copiadas dos mesopotâmios. As pirâmides escalonadas recém-descobertas na Mongólia parecem ter sido contemporâneas desses artefatos distantes. Mas, apesar de qualquer semelhança, certamente não poderiam ter sido copiadas de seus equivalentes no Crescente Fértil. Acredita-se que as pirâmides mesopotâmias mais antigas foram construídas por volta de 1000 a.C. Mas, também ali, não pode ter havido influência externa. Então, tudo isso é parte de um traço humano, ou mera coincidência? Tente olhar para esta questão por outro ângulo. Quais são as formas de outras grandes estruturas isoladas datando da Pré--História ou da Antiguidade? Elas têm alguma semelhança com as pirâmides, ou mesmo umas com as outras? Uma breve lista destas pareceria dissipar tal especulação psicológica. As grandes Cabeças da Ilha de Páscoa (moais), os Muros do Zimbábue, Stonehenge, Angkor Wat, Tombuctu – cada um desses monumentos isolados é único em sua construção e forma, e também tinha diferenças sutis de propósito. A pirâmide, ao que parece, não é um arquétipo, mas parte de uma inclinação primitiva, apenas um dos muitos instintos que levaram as primeiras sociedades humanas a construir monumentos maiores do que o ser humano individual.

Embora nem sempre conheçamos a finalidade exata dessas estruturas, podemos supor que elas, de alguma forma, representavam sua sociedade, ou seu líder, ou eram vitais no desempenho de alguma função sagrada para o povo que as erigiu – possivelmente recordando-os de um passado mítico quase esquecido, ou da paisagem montanhosa de sua terra de origem.

O que nos leva a perguntar quem foram os astecas e de onde eles vieram. Os astecas falavam um conjunto de línguas intimamente relacionadas conhecidas como náuatle. Durante a época do Império Asteca, esta era, em grande parte, uma língua oral. Os únicos registros permanentes eram o que hoje chamamos de códices, que consistiam basicamente em desenhos. No entanto, há indícios de que eles também continham escrita em pictogramas e ideogramas, bem como um sistema numérico incrivelmente sofisticado.

Infelizmente, os códices que chegaram até nós são, quase todos, versões europeias corrompidas, que incluíam vários comentários. Ao que parece, os originais não adulterados foram todos destruídos pelos invasores cristãos, que os consideravam meros textos pagãos. Ainda assim, os neocódices remanescentes contêm uma série de cenas retratando adivinhação, cerimônias astecas e calendários rituais, bem como representações dos deuses. No entanto, as mais confiáveis e não corrompidas das várias versões do mito de origem asteca existiram apenas na forma náuatle puramente oral.

De acordo com esta, na época da criação havia um deus chamado Ometecuhtli, que significa "deus da dualidade". Ele existia em forma masculina e feminina e gerou quatro filhos. Dois deles – Quetzalcóatl e Huitzilopochtli – foram incumbidos da tarefa de criar outros deuses menores com deveres específicos, além de criar a terra e todos os seus povos. Com o nascimento desses quatro deuses iniciais, começou uma série de ciclos históricos de criação e destruição relacionados com o sol. Durante o Império Asteca e a história que o precedeu, houve quatro sóis, cada um dos quais havia sido destruído por um evento catastrófico. Os textos náuatles registram: "Agora vivemos na era do quinto sol".

Os povos dessa era adoravam Quetzalcóatl, o deus da luz e do ar, que havia resgatado a humanidade depois de o quarto sol ter sido destruído por Tezcatlipoca, deus do juízo, da escuridão e da feitiçaria. Para apaziguar Tezcatlipoca e evitar que ele infligisse outra catástrofe, era preciso recompensá-lo, nutrindo-o com sangue de sacrifício humano. Se isso não fosse suficiente, ele tornaria o sol negro, o mundo seria destruído por um terremoto violento, e Tzitzimime, a deusa das estrelas, assassinaria toda a humanidade.

Igualmente intrigante é a origem real do povo asteca. Isso nos leva à primeiríssima de nossas espécies e sua migração inicial para fora da África, uma narrativa que revela alguns fatos surpreendentes, bem como uma série de perguntas sem resposta sobre esse período da pré-história humana. Sabe-se que os primeiros hominídeos começaram a emigrar da África por volta de 2 milhões de anos atrás. O primeiro foi o *Homo erectus*, que foi seguido, ao longo de muitos milênios, por outros hominídeos arcaicos como os denisovanos e os neandertais – ambos subespécies do gênero *Homo*. Todas essas espécies estão extintas atualmente; mas, como veremos, elementos delas persistem de uma maneira inesperada.

Nossa própria espécie, o *Homo sapiens*, surgiu na África Oriental há mais de 200 mil anos como um membro separado da família dos hominídeos. Sua vantagem aparente era o tamanho de sua capacidade cranial. Enquanto os neandertais e outros tinham uma capacidade de pouco menos de mil centímetros cúbicos, o *Homo sapiens* inicialmente tinha uma capacidade de cerca de 1,3 mil centímetros cúbicos, embora a maior parte desta fosse inutilizada. Muito provavelmente por causa de safras arruinadas (mudança climática) e a consequente competição por território, grupos de *Homo sapiens* deixaram sua terra natal na África Oriental há cerca de 75 mil anos, seguindo os passos de seus predecessores hominídeos.

Sabe-se que esses grupos de *Homo sapiens*, que parecem ter consistido em não mais do que mil indivíduos, deixaram a África por duas rotas: via península do Sinai e através do estreito do mar Vermelho até o Iêmen. Conforme esses pequenos grupos começaram a se multiplicar e a se espalhar pela Ásia e posteriormente pela Europa, passaram a cruzar com as subespécies de hominídeos que os precederam. Consequentemente, os humanos modernos que habitam a Ásia e a Europa ainda contêm cerca de 1 a 2% de material genético neandertal.

Ao que parece, houve poucos cruzamentos na África, visto que as populações africanas modernas que não migraram contêm praticamente nada de material genético neandertal, e são, portanto, *Homo sapiens* mais puros, um fato que desmente a espúria teoria racialista. De fato, uma consequência do cruzamento do *Homo sapiens* com os primos hominídeos que o precederam em latitudes mais ao norte, que tinham estações frias mais regulares, foi o que permitiu que ele se adaptasse aos períodos estéreis do ano em que nada crescia.

Levou 20 mil anos para que o *Homo sapiens* chegasse à China e à Sibéria. Lá, o cenário se torna obscuro. No século XX, vestígios de um *Homo erectus* de 750 mil anos, chamado Homem de Pequim, foram descobertos na China. O antropólogo alemão do século XX, Franz Weidenreich, "considerou o Homem de Pequim um ancestral humano e, em particular, um ancestral do povo chinês". Até hoje, os chineses são ensinados nos livros escolares que eles evoluíram diretamente do Homem de Pequim, e não do grupo de *Homo sapiens* que surgiu na África Oriental.

Essa afirmação continua controversa e amplamente debatida entre os muitos antropólogos não chineses. Se isso tem (ou não) mais veracidade do que a afirmação chinesa de ter descoberto a Austrália é irrelevante. Aqui, mais uma vez, temos a noção de éthos entrando na história. Conceitos como aqueles implícitos na teoria do Homem de Pequim têm similaridades com outros conceitos presentes em toda a história mundial. Esta é uma afirmação clássica de "diferença" racial (frequentemente implicando superioridade) que precedeu, repetidas vezes, uma justificativa para império. Como veremos, isso continua sendo tão verdadeiro no chamado período "pós-imperial" quanto foi durante a longa era dos impérios que o precederam.

Ao qual agora retornamos. Como vimos, os governantes do império não só são os vitoriosos, como também se veem como um povo superior em termos raciais – ou, ainda, culturais, como visto, por exemplo, na tentativa de Alexandre, o Grande, de "conquistar o mundo". Seu objetivo declarado era impor sobre as terras conquistadas a cultura avançada e superior da Grécia Antiga (da qual ele tinha apenas uma vaga compreensão, tendo prestado pouca atenção, em sua juventude, às lições de Aristóteles, seu tutor particular).

O Império Asteca

Uma crença similar inspirou a União Soviética a impor o comunismo às nações do Leste Europeu: o capitalismo era uma força exaurida, o futuro residia na abordagem marxista-leninista. Aqui, o elefante na sala é, obviamente, o ímpeto de Hitler por impor ao mundo um "Reich de mil anos", que se enquadra em ambas as categorias de suposta superioridade, isto é, racial e cultural.

Há cerca de 25 mil anos, quando os primeiros bandos de caçadores-coletores paleolíticos chegaram ao extremo nordeste da Sibéria, eles não foram inspirados por ideias infladas de império. A sobrevivência era sua maior preocupação. Naquela época, o planeta era dominado pelo Último Período Glacial. Com tanta água concentrada em geleiras, os níveis do mar estavam cerca de 120 metros abaixo do que estão hoje, e a Ponte Terrestre de Bering unia o nordeste da Sibéria ao noroeste do Alasca acima do nível do mar.*

Acredita-se que pelo menos três ondas separadas de caçadores-coletores atravessaram a Ponte Terrestre de Bering, levando esses habitantes originais das Américas a se espalhar com surpreendente rapidez pelo norte e então pelo sul do continente americano. No México, descobriu-se o que se acredita ter sido a origem de uma fogueira de acampamento de 21 mil anos atrás. Em 8000 a.C., os habitantes indígenas do México começaram a cultivar milho, cujas safras abundantes e cujo armazenamento fácil exerceriam um papel fundamental no desenvolvimento mesoamericano, tanto em termos culturais como agrícolas.

---

* De fato, muitas características atuais do nosso planeta eram radicalmente diferentes. O Japão estava unido à Coreia e à China, e uma grande ponte entre a Europa e a Ásia separava o mar Negro do Mediterrâneo. Estas e outras transformações geográficas nos fazem parar para pensar sobre o desenvolvimento racial inicial, bem como sobre o futuro aumento do nível do mar que será causado pelo aquecimento global. O mundo não era, e não será, sempre o mesmo. Nem geograficamente, nem politicamente.

Esse cereal nutritivo e de fácil cultivo auxiliou o desenvolvimento de uma série de civilizações, que cresceram na Mesoamérica a partir de 2600 a.c. Entre as mais importantes destas estavam os olmecas (*c*. 1400-400 a.C.). Estes habitaram o terreno tropical e o interior do sul do México, na fronteira com o Caribe. Hoje, estes povos são mais conhecidos por suas cabeças colossais, esculpidas em pedra, que parecem ser uma representação realista de um povo com cabeça quadrada, nariz largo e lábios grandes, com traços carnudos, mas intimidantes.

Esta semelhança com os traços dos nativos africanos levou alguns historiadores a especular que os olmecas devem ter chegado diretamente da África através do Atlântico, mas os testes de DNA derrubaram essa teoria. Os olmecas desenvolveram uma escrita hieroglífica – segundo se acredita, a primeira na Mesoamérica –, bem como uma matemática avançada usada para calcular calendários e o movimento das estrelas. Por outro lado, eles também introduziram a prática ritual de sangria descrita anteriormente: cortes ou perfurações autoinfligidos para produzir sangue e apaziguar os deuses.

Por volta de meio século que antecedeu 350 a.C., os olmecas sofreram um declínio súbito. Cidades inteiras foram abandonadas, e a população diminuiu rapidamente. Os historiadores tenderam a atribuir isso a uma série de erupções violentas que aconteceram na região por volta desse período. No entanto, muitos elementos da civilização olmeca seriam passados para sucessivas civilizações mesoamericanas. Em retrospecto, podemos ver que os olmecas exerceram um papel formativo na evolução dos astecas.

A outra civilização dominante na região foram os maias, que coexistiram com os olmecas, florescendo entre 1800 a.C. e 250 d.C. O território maia ficava a sudeste do olmeca, ocupando a ampla faixa da península mesoamericana de Yucatán para o norte e do oceano Pacífico para o sul. Inevitavelmente, havia conflito entre esses dois territórios vizinhos. Além dos exóticos adornos com plumas usados pelos combatentes, essas batalhas eram confrontos primitivos, travados ao estilo da Idade da Pedra, com lanças, machados de pedra e pedras arremessadas. Os guerreiros eram adornados com plumas coloridas e seus líderes usavam cocares. Foi só por volta de 380 a.C. que armas mais modernas foram introduzidas. (De fato, estas eram segredos roubados dos habitantes de Tenochtitlán, uma cidade-Estado poderosa que ocupava o México central.)

Essa tecnologia avançada consistia em estilingues, lanças com pontas afiadas feitas de obsidiana, e também escudos de madeira, capacetes feitos de pele curtida e armadura confeccionada com peles de animais. Mesmo com a introdução de tais novas armas, as batalhas continuaram um tanto primitivas. Os segredos da produção de ferro e da construção da roda – isso sem falar no carro de guerra – continuaram desconhecidos. Isso significava que as batalhas eram travadas com pouca estratégia em mente. Os exércitos se formavam em linha, um em frente ao outro, e então atacavam. Assim, de acordo com o antropólogo sul-africano do século XX David Webster, tais batalhas logo se tornavam caóticas, com os guerreiros "atacando, esfaqueando e aniquilando".

Quase todos os homens na sociedade maia eram treinados como guerreiros, e eram valorizados de acordo com a ferocidade com que lutavam. Este era o único meio pelo qual os maias podiam elevar seu status social. No entanto, o objetivo da batalha não era matar o adversário, e sim capturá-lo vivo. Os prisioneiros, então, eram usados como sacrifícios humanos nas cerimônias realizadas para apaziguar os deuses.

A única exceção a essa classe de guerreiros eram os sacerdotes. Acreditava-se que eles eram capazes de se comunicar diretamente com os deuses, ou atuar como intermediários entre um cidadão e o deus escolhido por ele. Um fato ainda mais relevante é que os maias desenvolveram sua própria língua, que era mais sofisticada que a dos olmecas. À diferença das línguas mesoamericanas anteriores, que consistiam em pictogramas (desenhos padronizados representando objetos), os maias desenvolveram uma escrita que consistia em ideogramas (símbolos representando ideias). Com isso, atravessaram o limiar de ter um sistema de registro pictórico para uma língua sofisticada, capaz de comunicar uma expressão de pensamento muito mais sutil.

Como os olmecas, os maias também construíram pirâmides impressionantes. No entanto, as pirâmides maias tendem a ser mais baixas, com uma área maior no topo. Os especialistas concluíram que esse detalhe era para permitir a construção de um templo, ou, talvez, para acomodar sacrifícios humanos maiores.

Os maias também desenvolveram seu próprio método característico de escultura em pedra, tanto para estátuas como para frisos.

As investigações dos movimentos das estrelas e a mudança das estações levaram os sacerdotes a desenvolver seu próprio sistema matemático. Diferente do nosso sistema decimal (baseado em dez números), o sistema maia era vigesimal, isto é, baseado em vinte números (contando os dedos das mãos e os dos pés).

Os maias também inventaram, e inseriram em seus cálculos, um símbolo para o zero. Isso foi um feito impressionante. O zero era, e continua sendo, um conceito particularmente difícil de se compreender. Era *algo* que representava *nada*.*
O símbolo maia para zero era uma casca de tartaruga vazia. De acordo com o historiador norte-americano contemporâneo John Justeson: "Esta é, possivelmente, a primeira ocorrência da ideia de um zero explícito de que se tem conhecimento". Uma série de

---

* Também pode, em termos mais práticos, ser usado como um espaço reservado, indicando que não há números em uma coluna específica. Por exemplo, em nosso sistema decimal, o dígito 0 no número 702 mostra que não há números na coluna das "dezenas".

especialistas contesta isso, alguns afirmando que os babilônios foram os primeiros, outros afirmando que foram os indianos. Curiosamente, esse símbolo não chegou à China até o século IV d.c., e foi só no início dos anos 1100 que chegou à Europa através da cultura árabe.

Este é um ótimo exemplo de história não linear; mas também serve como um ótimo exemplo de um conceito que permaneceu não desenvolvido. Os maias não viram necessidade de fazer uso do zero que haviam descoberto. Os europeus, que estavam entrando na época em que o sistema bancário e o câmbio se disseminavam, certamente viram e se beneficiaram com seu uso. Isso levou a um grande avanço no conhecimento matemático europeu, além de ter facilitado a interação mercantil.

O colapso da civilização maia foi tão misterioso quanto repentino. Após uma história contínua de mais de 2 mil anos, a vida dos maias começou a se desintegrar rapidamente. Entre o fim do século VIII d.C. e o início do século IX d.C., os maias começaram a desertar suas cidades, bem como as pastagens que, cuidadosamente, haviam aberto na floresta tropical. A selva reclamou a maior parte dessas paisagens, mas as cidades e as antigas pirâmides estão sendo descobertas até hoje. Técnicas de mapeamento aéreo usadas na Guatemala e na península de Yucatán (México) indicam a existência de grandes redes de canais de água doce, agricultura em escala industrial, e grandes cidades com pirâmides, templos e praças.

Foi dessa rica mistura de civilizações mesoamericanas que os astecas finalmente surgiriam como o grande império. Em 1428, formou-se uma aliança tríplice entre as três cidades-Estado mais poderosas no México central: Tenochtitlán, Texcoco e Tlacopan. Essa nova base de poder asteca logo reduziu seus vizinhos a Estados "tributários", até que o império se estendeu pelo México central, do Caribe ao Pacífico, chegando a cerca de oitocentos quilômetros em sua maior extensão.

A capital desse novo império foi a famosa cidade de Tenochtitlán, onde atualmente se encontra a Cidade do México. Quando Tenochtitlán foi fundada, essa região era coberta pelas águas rasas do lago de Texcoco. A terra escolhida para a cidade era uma costa pantanosa – dificilmente um local promissor, apesar de estar protegida pelas águas ao redor. A ilha foi drenada e conectada com o continente por pontes facilmente defensáveis, e dutos de terracota traziam água doce de fontes e rios da região. A própria cidade foi construída em um padrão reticulado, com canais, pontes, ruas, praças, templos e pirâmides bem distribuídos. Em pouco mais de um século, esta cidade havia se tornado uma das maravilhas do mundo. Sua população era de mais de 300 mil, um número muito superior ao de que qualquer cidade europeia, só equiparada a cidades como Hangzhou e Cairo.

Para qualquer um que subisse pela primeira vez a colina que dava para o lago, Tenochtitlán aparecia como um sonho, ou no mínimo uma miragem no meio das águas quietas do lago. Dentro da cidade, as ruas eram ocupadas por um povo cujos ancestrais haviam se ramificado, mais de setenta milênios antes, do *Homo sapiens* que evoluíra para se tornar a variedade europeia da espécie.

Nos mercados, os feirantes, baixos e robustos, tinham o rosto quadrado e a tez morena clara, cabelo preto liso e com franja, e usavam roupas rudimentares feitas de fibras de folhas de agave secas. Suas barracas eram abarrotadas de alimentos coloridos não vistos em nenhum outro lugar do planeta: milho, pimentas, batata-doce, amendoim, grãos de cacau, favas de baunilha. Os cidadãos viviam com suas famílias em pequenas cabanas feitas de pau a pique, junto com seus cachorros domesticados e seus perus de estimação. Nos momentos de ócio, eles se sentavam no chão tocando flautas, cujos assobios eram ecoados pelos papagaios de cores exóticas que se empoleiravam nos telhados.

O mais incrível de tudo era o palácio do rei, que tinha mais de mil aposentos, cada um com seu próprio banheiro. Seus jardins tinham nada menos que dois zoológicos separados – o primeiro continha águias e aves de caça, ao passo que o segundo abrigava grandes gatos selvagens com manchas nos pelos similares às dos leopardos (jaguatiricas) e répteis de aparência feroz que lembravam dragões, com cristas no dorso (iguanas). Em outras partes do jardim, patos com todo tipo de plumagem colorida nadavam em mais de uma dúzia de lagoas.

Mas no coração dessa cidade maravilhosa está seu centro cerimonial, completo com pirâmides sacrificiais, onde os cidadãos se reuniam para assistir a terrível sangria para os deuses. Curiosamente, as vítimas que participavam dessas cerimônias horríveis pareciam ser conduzidas calmamente pelas escadarias e aceitar sua estripação com uma equanimidade que é quase inconcebível para nós. Sugeriu-se que eles talvez fossem drogados previamente, mas os vestígios da época contradizem isso.

Após o sacrifício, as vítimas eram "empurradas e desciam rolando as escadarias do templo, e os degraus eram banhados de sangue". O sangue e os corpos descendo pelas escadarias das pirâmides em direção à população abaixo pareciam evocar emoções estranhas. Seria de se esperar que a multidão reunida experimentasse uma mistura de sentimentos contraditórios. Temor e empatia, reforçando a dominância das autoridades – como o que se experimentava nas execuções públicas em impérios em outros lugares. Ou uma estranha exultação com a morte de tantos inimigos. Talvez até mesmo catarse, como a experimentada pela plateia em uma tragédia da Grécia Antiga. Não, os astecas aparentemente aceitavam que tal derramamento de sangue era necessário para alimentar os deuses, bem como para manter a atividade extremamente importante de auxiliar o sol em seu curso, a fim de evitar uma catástrofe que poderia colocar um fim à sua era.

Após as cerimônias, os crânios daqueles que haviam sido sacrificados eram empilhados do lado de fora dos templos. Quanto aos números precisos de sacrificados, continuam incertos. Quando um novo templo foi construído em homenagem a Huitzilopochtli, o temeroso deus do sol e da guerra, em 1487, afirma-se que 80,4 mil pessoas (incluindo mulheres e crianças) foram sacrificadas. Isso é, certamente, um exagero. Por outro lado, os estudiosos concordam que 20 mil vítimas podem ter sido sacrificadas por ano em todo o império, tanto nessa época como nas décadas anteriores.

Mas agora que as três principais cidades-Estado haviam formado uma aliança havia menos ocasião para guerra e, consequentemente, escassez de cativos para a cerimônia de sacrifício humano. E mesmo uma sucessão de guerras menores contra os estados vassalos das redondezas só conseguia garantir um suprimento cada vez mais insuficiente. Em 1450, houve uma fome severa, e, de acordo com o antropólogo mexicano do século XX Miguel León-Portilla, os sacerdotes declararam que "os deuses estavam furiosos com o império e, para aplacá-los, era necessário sacrificar muitos homens, e isso tinha de ser feito regularmente".

Para superar esse problema, as autoridades arranjaram as chamadas "Batalhas das Flores". Longe de serem inócuas e encantadoras como seu nome poderia sugerir, estas consistiam em batalhas rituais entre membros escolhidos das diferentes cidades-Estado. Armas letais foram substituídas por tacos chatos de madeira, usados para espancar o inimigo e obrigá-lo à submissão, talvez até mesmo deixá-lo inconsciente, para que pudesse ser capturado sem sofrer ferimentos graves. Essas batalhas tinham a vantagem adicional de proporcionar treinamento militar, além de garantir vítimas sacrificiais.

Tudo isso pareceria indicar uma população com uma aura de coletividade abarcadora, ao ponto de aparentemente obliterar qualquer vestígio mal definido de individualidade entre seus cidadãos. Mas isso estava longe de ser o caso: os astecas haviam desenvolvido sua própria noção do eu. De acordo com George Orwell, escrevendo acerca de seus contemporâneos, "aos cinquenta anos, todo homem tem o rosto que merece". Bem mais de meio milênio antes, os astecas haviam refinado essa generalização casual, transformando-a em uma profunda filosofia individualista própria. Essa maneira de pensar fora desenvolvida pela classe privilegiada dos "homens sábios" entre o sacerdócio e, segundo afirmavam, derivou do "símbolo lendário do conhecimento náuatle – a grande figura de Quetzalcóatl". Esse deus aparecia na forma de uma serpente emplumada e foi o responsável pela criação da humanidade. De acordo com seus ensinamentos, deveria ser o objetivo de todos os homens "ter, e desenvolver em si mesmos, *um rosto*". Isso eliminava o anonimato no qual nasceram, e lhes permitia "colocar um espelho diante dos outros homens". Permitia que cada ser humano desenvolvesse autoconhecimento, sabedoria e cuidado – por si mesmo, por sua família e por seu povo.

Essa mensagem era tão profunda que suas implicações estariam encarnadas na própria língua náuatle. Os filósofos ocidentais reconhecerão uma versão poética dos ensinamentos de Sócrates no impulso inicial para o autoconhecimento. Quanto à segunda parte, a ideia de que a própria língua que aprendemos nos leva às conclusões filosóficas às quais chegamos, é incrivelmente moderna. Foi só no século XX que o filósofo e linguista austríaco Wittgenstein propôs esse paradoxo.

Em 1502, Moctezuma II, com 36 anos, tornou-se o nono governante de Tenochtitlán, assumindo o comando de todo o Império Asteca. Moctezuma II tornou-se célebre como guerreiro e, segundo afirmam, estendeu a influência do império a seu limite máximo. Outros falam dele como sendo indeciso e oprimido por um pressentimento de seu próprio destino trágico. Os primeiros anos de seu reinado testemunharam uma série de augúrios profetizando o desastre. Então, um cometa foi observado, marcando, para muitos, o fim do ciclo de 52 anos do calendário asteca, e a iminência do fim do quinto sol.

Ascensão & queda

Quando Cristóvão Colombo desembarcou nas Américas em 1492, esse continente isolado foi reunido com o mundo exterior. Os espanhóis imediatamente iniciaram uma busca e conquista em grande escala na esperança de extrair metais preciosos e outros bens valiosos. Apoiado em tais motivos, o conquistador espanhol Hernán Cortés desembarcou em fevereiro de 1519 na costa mexicana no que é hoje Puerto Cruz. Ele foi acompanhado por apenas quinhentos homens. De acordo com uma antiga crença da era tolteca, os deuses haviam partido do México em embarcações, prometendo que um dia regressariam.

Cortés e seus homens pareciam cumprir essa profecia. Para os astecas, eles inclusive lembravam deuses: os europeus tinham pele branca e barba assustadora, alguns eram gigantes com dois braços e quatro pernas (homens a cavalo), e eram capazes de matar pessoas à distância com um estrondo e uma nuvem de fumaça (tiro de mosquete). Incrivelmente, os astecas haviam erigido seus monumentos enormes, construídos com precisão, sem o uso de animais de carga ou da roda.

Assim como os europeus não conheciam o tomate, a batata e outros alimentos, os astecas, em seu isolamento, não haviam desenvolvido imunidade para as doenças europeias comuns como a varíola, a cólera, a peste bubônica, a gripe ou mesmo o resfriado comum. Por outro lado, os navegantes espanhóis, ao regressarem à Europa, trouxeram consigo o flagelo da sífilis. O colapso do Império Asteca, já doente, foi tão rápido quanto espetacular.

Em dois anos, Cortés e suas poucas centenas de homens, por meio de trapaça, propaganda, armas superiores, doença e assim por diante, haviam derrotado o Império Asteca. No processo, Moctezuma II foi raptado e assassinado, Tenochtitlán foi destruída, e Cortés inadvertidamente se tornou o primeiro europeu a pôr os olhos no oceano Pacífico a oeste. Estima-se que cerca de 3 milhões de astecas morreram, e os demais foram convertidos ao cristianismo por padres católicos, com resultados que já descrevemos. Até hoje, nas remotas selvas da península de Yucatán, Honduras e Guatemala, tribos isoladas de povos maias e astecas continuam com suas práticas culturais indígenas.

Sequência

Concomitante com o Império Asteca foi o Império Inca, que, em seu apogeu, ocupou a costa leste remota e o interior da América do Sul, do extremo sul da Colômbia até o meio do Chile, uma distância de aproximadamente 4 mil quilômetros. Em isolamento, este também havia formado uma civilização original, de maneira totalmente independente dos astecas. A riqueza inca e sua queda se devem, em grande medida, a Potosí, a chamada "montanha de prata". Esta logo atraiu a atenção do conquistador espanhol Francisco Pizzaro, que, liderando apenas 160 homens, conquistou o império em dois anos. No entanto, ele nunca descobriu a obra-prima do império, a chamada "cidade perdida dos incas". Esta era Machu Picchu, construída a mais de 2,4 mil metros de altitude nos Andes peruanos, por uma civilização que só tinha lhamas (inúteis como animais de carga em terrenos montanhosos) e que, como os astecas, ainda não havia descoberto a roda. Machu Picchu permaneceria "perdida" por outros quatrocentos anos.

No entanto, em 1553, os espanhóis descobriram um artefato antigo, que continua impressionante e desconcertante como nenhum outro. A cerca de 520 metros de altitude, nos Andes peruanos, eles se depararam com um planalto árido e sem vento, permanentemente seco, coberto por desenhos conhecidos como linhas de Nazca. Estas retratam, em esboço, vários geoglifos – desenhos de plantas, animais, e até aranhas, e representações primitivas de criaturas similares a humanos, com cabeça redonda, olhos e pernas. E uma série de criaturas aparentemente desconhecidas. Além destas, há uma série de linhas retas, algumas com mais de trezentos metros de comprimento, que foram desenhadas pelo chão do deserto. Ao que parece, todas elas datam de cerca de 200 a 600 a.c. Mas, apesar de todo tipo de explicação engenhosa, nenhum pesquisador sério conseguiu fornecer uma explicação de todo convincente para sua existência. Já o imparável Erich von Däniken afirmou que essas marcas foram criadas por "antigos astronautas". Apesar de tal disparate, não há como negar que a arte e a beleza absoluta dessas marcas só podem ser plenamente apreciadas quando elas são vistas do céu, e inclusive de satélites.

Tais maravilhas imperiais pré-modernas parecem ainda mais incríveis quando consideradas no contexto histórico mais amplo da migração do *Homo sapiens* até os limites do globo habitável. Os desafios encontrados nessas migrações levaram o *Homo sapiens* a aperfeiçoar uma série de habilidades cognitivas totalmente novas. Como vimos, as manifestações desses avanços têm similaridades desconcertantes e, ao mesmo tempo, diferenças assombrosas. Mas, em um sentido profundo, foram comuns a toda a espécie. Envolveram traços capazes de comportamento religioso, simbólico e abstrato. Este foi o começo da arte, da ciência e da escrita. A humanidade como a conhecemos havia nascido.

Mas esta nova espécie variante estava longe de ser um "super-homem" nietzschiano em comparação com os outros hominídeos. O *Homo sapiens* podia ser mais alto que o *Homo erectus* e outros, mas muitos deles – especialmente os neandertais – eram muito mais robustos e fisicamente mais fortes. As ameaças de hominídeos mais antigos, a mudança climática, a geografia e todos os "acidentes da história" fizeram com que as tribos e os grupos familiares desses seres novos e mais avançados estivessem constantemente se deslocando, sendo levados para cada vez mais longe de sua terra natal. Mas, ao desenvolver capacidades superiores, engenhosidade para se adaptar a seu ambiente e imaginação, eles prosperaram e continuaram a evoluir.

Ao alcançar os limites habitáveis do planeta, eles frequentemente encontraram predecessores hominídeos em sua residência. Essas duas espécies "primas" viveriam lado a lado, às vezes por muitos milhares de anos. Mas, em todos os casos conhecidos, o *Homo sapiens* parece ter sobrevivido a seus predecessores hominídeos, que se tornaram extintos. A velocidade com que esse novo *Homo sapiens* se espalhou pelo planeta é impressionante. Uma lista breve (e muito simplificada) é suficiente para ilustrar isso.

Embora os primeiros imigrantes humanos tenham atravessado a Ponte Terrestre de Bering a partir do leste da Sibéria por volta de 25 mil anos atrás, em 9 mil anos eles haviam chegado à Patagônia, no extremo sul da América do Sul. Apenas 2 mil anos depois disso, uma segunda onda de migrantes atravessou a ponte, povoando as planícies da América do Norte com grupos de povos tribais indígenas. Passaram-se outros 10 mil anos até que uma terceira onda, os inuítes, chegou e ocupou as terras geladas do norte do Canadá.

O *Homo sapiens* chegou comparativamente cedo ao oeste da Austrália, por volta de 65 mil anos atrás. Mas foi somente há 3 mil anos que a última onda de povos marinheiros partiu para o Pacífico, viajando até o norte da Austrália via Nova Guiné. Depois disso, eles se dividiram, povoando as ilhas do Pacífico. O grupo do norte chegou ao Havaí por volta de mil anos atrás, e o grupo do sul chegou à Nova Zelândia mais ou menos na mesma época. Estes últimos, então, seguiram para o leste por uma longa linha de ilhas, até que finalmente chegaram à última da cadeia, hoje conhecida como Ilha de Páscoa, por volta de 300 d.C., mas possivelmente apenas em 1200 d.C.*

Ali, eles começaram a erigir quase mil cabeças de pedra colossais (moais), todas voltadas para o leste. Este continua

---

* Até mesmo as evidências científicas mais recentes são conflitantes com relação a esse ponto.

sendo apenas um dos muitos mistérios não solucionados com relação a essa ilha, que fica a cerca de 1,6 mil quilômetros de distância das ilhas mais próximas (as Ilhas Picárnia) e a mais de 3,2 mil quilômetros da costa da América do Sul, um dos lugares habitados mais remotos do planeta. Levaria pelo menos meio milênio para que a ilha fosse redescoberta pelos europeus, que, ao chegar, encontraram os nativos colhendo batata-doce originária da América do Sul, o que indica que os habitantes tinham origem americana. Por outro lado, o navio dos europeus tinha em sua tripulação um havaiano, que foi capaz de se comunicar com os locais utilizando seu próprio idioma.

Isso nos coloca em dia com o povoamento do planeta pelo *Homo sapiens*. No entanto, leva a uma questão intrigante com relação à nossa espécie. Isto é, sua capacidade de produzir arte: um impulso que caracterizaria cada vez mais o desenvolvimento humano individual a partir deste período para regiões que vão da Europa renascentista à Índia mogol e à China ming.

Mais uma vez, é necessário voltar aos tempos pré--históricos. Como vimos, o impulso de criar pirâmides não foi universal. Mas o *Homo sapiens* parece ter sido movido por uma necessidade compulsiva de deixar atrás de si um traço preciso de sua existência, o que pode ser entendido como o início da arte. E o que é mais impressionante é a própria particularidade que esse impulso adquiriu inicialmente: estênceis de mãos. Estes eram criados posicionando-se a mão sobre a parede de uma caverna e soprando pigmento colorido (como ocre vermelho) através de um osso oco, de modo a marcar na parede o contorno da mão. Esta é, possivelmente, a forma mais antiga de arte individualizada, mas sua aparição espontânea nos mais diferentes lugares é reveladora.

Tais estênceis apareceram em cavernas na França e na Espanha (datando de cerca de 35 mil anos atrás). Estênceis idênticos aparecem em lugares tão distantes como a Indonésia (40 mil anos atrás) e a Patagônia (9 mil anos atrás). Tais artefatos pareciam demonstrar uma qualidade única do *Homo sapiens*, mas então veio a surpresa: em 2018, estênceis de mãos foram encontrados em cavernas na Espanha, que datam de antes de o *Homo sapiens* emigrar da África cerca de 20 mil anos atrás. E essas mãos eram inconfundivelmente neandertais.

O *Homo sapiens* certamente é o único entre os hominídeos* a ter sobrevivido à extinção. O que leva à pergunta: o que mais é único na evolução dessa espécie além de sua sobrevivência, junto com os monumentos imperiais duradouros que deixou para trás?

---

* Na compreensão estrita da espécie, isto é, excluindo os grandes primatas, os gorilas etc.

7

O IMPÉRIO OTOMANO

Voltamos, agora, à região onde os primeiros impérios do mundo começaram – e prosperaram – por quase três milênios: o Oriente Médio. O Império Otomano, que se originou em 1299, finalmente alcançaria a soberania sobre territórios na Ásia, na Europa e na África, e duraria mais de seiscentos anos. Em quatro ocasiões notáveis, inclusive ameaçaria destruir a civilização europeia, mais avançada. Apenas 150 anos depois da declaração fundacional do Império Otomano, durante sua primeira fase expansionista, o sultão Maomé II (em geral, conhecido como "o Conquistador") realizou o feito impensável de conquistar Constantinopla, a capital do Império Bizantino (ainda oficialmente designado como "Roma e o Império Bizantino").

Em seu apogeu no século XI, o Império Bizantino governara cada um dos países do Mediterrâneo – da Espanha e da Itália ao Egito e à África do Norte –, além de controlar a costa do mar Negro e a metade superior do mar Vermelho. Em 1453, Maomé, o Conquistador, havia praticamente destruído este império, tomando a Anatólia, a Grécia, e avançando sobre os Bálcãs, cercando Constantinopla no processo. Depois que Maomé, o Conquistador, entrou na cidade santa, Constantino XI, o último homem a reivindicar o título de imperador romano, foi assassinado.

Então, o sultão otomano declarou que a Hagia Sofia ("Santa Sabedoria", em grego), de novecentos anos, a catedral mais sagrada da cristandade e o maior edifício do mundo, daí em diante se tornaria uma mesquita. Ele também se autodeclarou "Kaysari-i-Rûm" ("César de Roma", em turco). De sua localização privilegiada no Bósforo, a capital de Maomé ficava na divisa entre a Europa e a Ásia, o que a tornava forte candidata a capital do mundo. (Pouco mais de três séculos depois, quando Napoleão conquistou o Egito, nutrindo ilusões similares, ele considerou o Cairo a cidade mais estratégica do planeta, o centro da Europa, da Ásia e da África; a América foi descartada por ser considerada um lugar primitivo.)

Em Roma, uma sucessão de papas vinha tentando desesperadamente reunir as nações divididas da cristandade europeia para reiniciar as cruzadas e expulsar os otomanos. Uma por uma, essas tentativas fracassaram, devido a uma liderança ineficaz e a disputas internas motivadas por inveja, desconfiança e coisas do tipo. Enquanto isso, o avanço otomano continuava inexoravelmente para o norte através dos Bálcãs em direção a Veneza, e em 1480 estabeleceu inclusive uma base na península italiana do porto de Otranto. Lá, o bispo local foi serrado ao meio publicamente, diante da população horrorizada; em seguida, 12 mil pessoas foram assassinadas e outras 50 mil foram enviadas como escravas.

Em poucas semanas, as forças otomanas haviam avançado mais de trezentos quilômetros pela costa leste. Outros trezentos quilômetros mais a leste, do outro lado dos Apeninos, o papa Sisto IV, velho e doente, não sabia o que fazer. Era como se Roma estivesse prestes a sofrer o destino de Constantinopla. Então, como que por milagre, os otomanos subitamente se retiraram e voltaram pelo Adriático. Em um eco da invasão mongol do Leste Europeu três séculos antes, os otomanos ficaram sabendo da morte de Maomé, o Conquistador, e estavam ansiosos para regressar a Constantinopla, onde o futuro sultão seria escolhido. A Europa estava salva.

Mas a ameaça da dominação otomana não havia acabado. Em cinquenta anos, o sultão Solimão, o Magnífico, estava sitiando a cidade de Viena. Mas o outono de 1529 foi longo e úmido, e as tropas turcas logo estavam desmoralizadas, com suas linhas de abastecimento sobrecarregadas; e o colapso da moral levou os turcos a uma retirada. Mas, 150 anos depois, o sultão Maomé IV ordenou uma segunda tentativa de tomar Viena, desta vez com um exército de 200 mil homens, totalmente equipado e abastecido, liderado pelo grão-vizir (primeiro-ministro) Kara Mustafá Pasha. Em julho de 1683, antes mesmo que os turcos se aproximassem de Viena, o imperador do Sacro Império Romano-Germânico, Leopoldo I, e 60 mil de seus cidadãos haviam fugido. Na verdade, o ato de Leopoldo I foi menos covarde do que pareceu – sua intenção era solicitar o apoio dos aliados alemães, cossacos e poloneses. O grande exército otomano sitiou Viena, cavando trincheiras e montando acampamento em preparação para um longo inverno. A essa altura, o Império Otomano havia expandido seu território consideravelmente, estendendo-se pela costa da África do Norte e através do Egito, da Arábia, da Síria e do Iraque, chegando ao mar Cáspio. Na Europa, havia dominado os Bálcãs, a Romênia e a Hungria. Quando Viena caísse, toda a Europa Central e Ocidental estaria à sua disposição.

Os soldados otomanos logo dominaram as fortificações fora de Viena e estavam começando a cavar túneis por baixo de seus muros. Então, em 12 de setembro, foram surpreendidos pela aparição de uma força germano-polonesa que emergiu dos bosques de Viena no monte Kahlenberg, ao norte da cidade. A batalha que se seguiu durou quinze horas, até que a barraca do grão-vizir foi detonada, e seus homens foram massacrados enquanto fugiam das trincheiras. Kara Mustafá conseguiu chegar a Belgrado em segurança, mas o sultão estava tão furioso que ordenou que seu grão-vizir fosse executado e que sua cabeça fosse levada a Constantinopla em uma bandeja de prata. A batalha de Kahlenberg geralmente é vista como marcando o ponto de virada do Império Otomano, e daí em diante teria início seu longo declínio.

O Império Otomano

Ironicamente, esse longo declínio teria o efeito mais profundo de todos: pressagiar tanto a desintegração final do Império Otomano como a destruição política da velha ordem europeia. No século XIX, o Império Otomano era uma força impotente. O Egito era praticamente independente sob os mamelucos; a Pérsia e os curdos ameaçavam suas fronteiras orientais; a Grécia se declararia independente em 1853; e o czar Nicolau I da Rússia descreveu a Turquia como "o velho doente da Europa". Ali estava um vasto império pronto para ser conquistado, e, secretamente, todas as potências europeias estavam fazendo planos para ocupar territórios estratégicos.

Em 1799, Napoleão já havia conquistado o Egito, mas em poucos anos a marinha britânica forçou os franceses a voltar para casa. Os britânicos, então, chegaram a um acordo com a Porta (o governo otomano em Istambul), segundo o qual eles agiriam como "protetores do Egito". No entanto, isso não deteve Napoleão. Tendo se autodeclarado "imperador", ele começou a elaborar planos secretos para invadir a Turquia por terra, em uma tentativa de se antecipar aos russos, que a essa altura haviam expandido seu império até a fronteira com o Cáucaso e pareciam determinados a lançar sua própria invasão.

A crise se instalou com a eclosão da Guerra da Crimeia em 1853, entre a Rússia e uma aliança dos otomanos com o Reino Unido, a França e a Sardenha. A causa aparente dessa guerra era uma disputa entre os monges católicos romanos e os monges ortodoxos russos pelas chaves da porta da Basílica da Natividade, em Belém (lugar de nascimento de Cristo). A causa subjacente era impedir que a Rússia se expandisse sobre o Império Otomano, um objetivo que os aliados europeus ocidentais finalmente alcançaram após uma campanha caótica envolvendo a perda de muitas vidas.

Determinada a não ser deixada de fora, no início dos anos 1900 a recém-formada nação alemã persuadiu o sultão a permitir que seus engenheiros construíssem uma linha ferroviária do Hejaz ligando Damasco a Medina, aparentemente para o transporte de peregrinos durante o hajj a Meca. Mas, na verdade, como todos pudemos ver, essa ferrovia se tornaria parte integral de uma ferrovia interligando Berlim a Bagdá, uma peça fundamental da estratégia alemã.

A linha ferroviária do Hejaz poderia ser estendida até Aqaba, no mar Vermelho, ao passo que a ramificação de Bagdá poderia ser estendida até a cabeceira do Golfo Pérsico. Isso daria aos alemães acesso direto ao oceano Índico, evitando, dessa forma, o canal de Suez, que pertencia a britânicos e franceses, e permitindo que os alemães estendessem seu próprio império para além das fronteiras da África Oriental alemã (basicamente, a atual Tanzânia continental). Na virada do século XX, as rivalidades europeias estratégicas estavam se tornando claras, indicando muitos dos locais que em 1914 se tornariam os pontos de ignição para a Primeira Guerra Mundial.

Esta breve descrição da ascensão e queda de um dos maiores impérios da história não dá ideia da transformação do mundo que aconteceu à sua volta. Durante os anos entre 1299 e o colapso otomano em 1922, o mundo mudou como nunca antes, transformando-se a ponto de se tornar praticamente irreconhecível, de uma maneira que talvez jamais venha a se repetir. Tal afirmação pode parecer controversa em nossa era atual, de constante e miraculosa reinvenção humana e tecnológica, mas merece ser objeto de discussão. Um breve esboço do que aconteceu durante esses seiscentos anos dará uma pista.

Na Europa, o Renascimento floresceria, seguido do Iluminismo e da Revolução Industrial, que, por sua vez, inaugurou a era da máquina a vapor, da eletricidade e dos motores mecânicos de todos os tipos. A Espanha, tendo descoberto o Novo Mundo, colheria, na América do Sul, incalculáveis riquezas em ouro e prata – uma fortuna imerecida que, ironicamente, provocaria sua ruína econômica.* Enquanto isso, Portugal, Grã-Bretanha, França e Holanda construiriam impérios globais. A paisagem natural da América do Norte veria os britânicos estabelecerem várias colônias costeiras; devido à administração incompetente, essas colônias logo expulsariam seus senhores. Depois de se tornarem "estados unidos", sua necessidade de mão de obra atrairia emigrantes oprimidos vindos da Europa, até que a América esteve próxima de se tornar a maior economia do mundo.

Durante esse período (1299-1922), a França se tornaria a principal potência europeia por quatrocentos anos, viveria uma Revolução sem precedentes, e então, sob Napoleão, trataria de efetivamente conquistar aqueles países sobre os quais, um dia, meramente exercera influência. Tudo isso, e muito mais, aconteceu durante os longos séculos em que o Império Otoma-

---

* A superoferta de ouro levou a inflação e desvalorização. Filipe II escolheu construir um exército, contraindo empréstimos garantidos por mais ouro. Quando o valor e o influxo de ouro diminuíram – devido à superoferta, à pirataria e à corrupção –, Filipe foi forçado a declarar moratória de suas dívidas nada menos que *quatro* vezes durante a segunda metade do século XVI. Isso limitou gravemente a capacidade da Espanha para contrair empréstimos, manter seu exército ou mesmo administrar adequadamente suas colônias. A expulsão dos judeus em 1492, com toda sua expertise financeira, complicou ainda mais a questão.

Catástrofes nacionais similares continuaram a ocorrer ao longo dos séculos seguintes, sobretudo após a descoberta repentina de uma mercadoria facilmente exportável como o petróleo. Grandes quantidades de renda garantida fluem diretamente para vários altos oficiais do governo, que ficam com sua parcela dessa renda. A renda garantida também ajuda a manter baixos os impostos, o que aumenta a popularidade do governo. No entanto, pouco dinheiro é usado, como na tributação direta, para os fins específicos para os quais foi recolhido, como a manutenção de infraestrutura, a construção de novas indústrias e assim por diante. A corrupção se torna endêmica, a economia estagna, e grandes fortunas vão para a elite dominante.

no governou o Oriente Médio, em grande medida não afetado por estas que via como irrelevâncias externas de transformação política e tecnológica.

Isso não quer dizer que o Império Otomano tenha permanecido isolacionista. Quando Maomé, o Conquistador, colocou os olhos nos muros e nas fortificações de Constantinopla pela primeira vez, percebeu que eram impenetráveis, até mesmo para seu exército de mais de 160 mil soldados. E um cerco parecia estar fora de cogitação. A cidade era construída sobre um istmo, cercada por mar em três lados, tendo sua costa protegida por muralhas. O lado terrestre era protegido por uma muralha dupla com quase cinco quilômetros de comprimento, que, por sua vez, era protegida por um fosso. Ao todo, as muralhas continham mais de cinquenta fortificações, muitas delas com torres idênticas de cada lado dos poucos portões em arco; a muralha interna tinha doze metros de altura e 4,5 metros de espessura. Até mesmo a fome parecia fora de questão, já que a cidade murada continha fontes de água doce, bem como hortas. Ao que tudo indicava, um impasse era inevitável.

Mas Maomé, o Conquistador, fora informado de um engenheiro de artilharia húngaro chamado Orbán, que se gabara de fundir um canhão "capaz de derrubar os muros da própria Babilônia". Maomé ordenou que seus homens trouxessem Orbán à cidade de Adrianópolis, 240 quilômetros a oeste, onde havia uma grande fundição de ferro. Lá, Orbán recebeu ordens de provar que era tão bom quanto dizia e construir o maior canhão de que fosse capaz. Levou mais de três meses, e o resultado foi um canhão sobre rodas com um tubo de oito metros, capaz de atirar balas que pesavam quinhentos quilos a uma distância de oitocentos metros.

Essa arma monstruosa ficou conhecida como "a Grã-Bombarda", ou "o Canhão Real", e foram necessários sessenta bois para arrastá-la até as muralhas de Constantinopla, aonde chegou em 11 de abril de 1453. Também foi acompanhada por uma série de canhões menores. Maomé II ordenou que a "Grã-Bombarda" e outros canhões fossem instalados imediatamente diante daquela que, segundo seus cálculos, era a porta mais frágil nas muralhas. Então, ordenou que os canhões fossem disparados dia e noite, ininterruptamente.

Orbán objetou que isso superaqueceria o tubo dos canhões, que, desse modo, poderiam se desintegrar sob o poder de seu próprio recuo. Maomé II era determinado, e foi lançada uma barragem que duraria continuamente por seis semanas. Felizmente, a "Grã-Bombarda" levava três horas para ser recarregada, mas os canhões menores se mostraram menos resilientes, e Orbán foi morto quando um deles explodiu. No fim de maio, a "Grã-Bombarda" havia aberto apenas uma pequena brecha na muralha externa.

A essa altura, Maomé II havia perdido a paciência. Ele ordenou que seus homens atirassem pela brecha, no que parecia ser um assalto suicida. Ao ver os soldados otomanos, os bizantinos entraram em pânico e tentaram fugir através de um portão na muralha interna. No meio da confusão, os bizantinos se esqueceram de trancar o portão atrás de si. Os primeiros otomanos tomaram conta da cidade, seguidos por sucessivas ondas de seus compatriotas. A queda de Constantinopla em 29 de maio de 1453 ainda é vista como uma das datas mais significativas da história europeia: o fim derradeiro de todo Império Romano real. A palavra "real" é necessária aqui, pois, como Voltaire observou, o chamado Sacro Império Romano, que surgiu do império de Carlos Magno, não era "nem sacro, nem romano, nem império".*

Inicialmente, Veneza foi o Estado mais afetado por esse acontecimento, já que antes realizava a maior parte de seu comér-

---

* Ironicamente, o Império Bizantino, que, em todos os sentidos, foi considerado secundário com relação ao Império Romano original, durou o dobro de seu ilustre predecessor.

cio exterior com Constantinopla e com o leste do Mediterrâneo, mantendo vários portos estratégicos em todo o Egeu e Peloponeso. Enquanto o resto da Europa permaneceu dividido quanto à medida a ser tomada, Veneza inclusive enviara sua própria frota para aliviar o cerco de Constantinopla; mas esta mal tinha entrado no Egeu quando chegou a notícia da queda da cidade. Portanto, em consonância com a política "pragmática" que adotou durante esse período, Veneza decidiu mudar de lado.

Bartolomeo Marcello, o embaixador veneziano a bordo da frota, recebeu ordens de navegar até Constantinopla e negociar um tratado de comércio com Maomé II, escolhendo ignorar o fato de que várias centenas de venezianos que ocupavam a colônia comercial veneziana em Constantinopla foram assassinados pelos invasores muçulmanos. Veneza justificou sua mudança de política para o resto da Itália anunciando: *Siamo Veneziani, poi Cristiani* – "Primeiro venezianos, depois cristãos."

Maomé II recebeu o novo embaixador veneziano Marcello com o desdém que ele merecia, mas o sultão também era versado em política o suficiente para perceber o benefício de manter relações diplomáticas com a principal nação comercial marítima da Itália. Um tratado foi assinado, e, para consolidar esse novo acordo, Veneza escolheu "emprestar" a Maomé II seu maior artista, Gentile Bellini, que era famoso pelo realismo e pela penetração psicológica de seus retratos. Maomé II não tinha nenhuma influência sobre o édito muçulmano contra a criação de imagens e ficou feliz em receber Bellini em Constantinopla. De fato, apesar da hesitação compreensível de Bellini, ele e Maomé II logo começaram uma sólida amizade: "única em sua intimidade", de acordo com um observador contemporâneo.

Maomé II e Gentile tinham em comum um profundo interesse pelo conhecimento e pela história do Levante, bem como um amor às novas ciências que então começavam a surgir por inspiração do Renascimento. Bellini teve carta branca para fazer esboços da vida na Constantinopla recém-transformada, além de ter sido incumbido de pintar um retrato do próprio Maomé II. Neste, Maomé está sentado em meio perfil, usando seu grande turbante branco de sultão, cafetã vermelho e um xale de pelos exótico. Não há adulação na representação dos traços severos de Maomé, com seu nariz comprido e sua barba castanha e volumosa. Este é o rosto de um guerreiro determinado, mas também um homem de cultura e conhecimento consideráveis.

Nesses dois últimos aspectos que as diferenças entre Bellini e Maomé II se tornariam visíveis. Maomé II pediu que Bellini fizesse uma pintura de são João Batista (que também era conhecido como profeta na fé islâmica). Maomé II desejava que a pintura de Bellini retratasse a cabeça de João Batista em uma bandeja de prata, quando esta foi apresentada à dançarina Salomé depois que ela arquitetou sua decapitação.

Quando Bellini apresentou a Maomé II sua obra meticulosamente concluída, o sultão a examinou com cuidado, e então chamou a atenção de Bellini para um detalhe no pescoço cortado de São João. O que Bellini havia pintado não era anatomicamente correto. Bellini, educadamente, discordou; afinal, ele estudara anatomia junto com o jovem Leonardo da Vinci. Maomé II acenou para que seus criados trouxessem um escravo, que ele ordenou que fosse decapitado sumariamente. Maomé, então, se inclinou para frente, apontando para um Bellini horrorizado o erro preciso em sua pintura. Em dois anos, Gentile havia conseguido persuadir seu amigo Maomé II a permitir que ele voltasse à sua Itália natal.

Os otomanos parecem ter se originado nas terras turcomanas da Ásia central, mudando-se para o oeste sob a bandeira dos mongóis. Como vimos, após a divisão do Império Mongol em quatro canatos principais em meados do século XIII, o Ilcanato governou a região sudeste do império, ocupando a Pérsia e grande parte da Anatólia (atual Turquia). Quando o poder mongol enfraqueceu, este também se desintegrou em várias províncias semi-independentes. Uma delas era um pequeno território tribal a leste do mar de Mármara, com pouco mais de oitenta quilômetros de comprimento por 24 quilômetros de largura. Este era governado por Osman I, que nascera em 1254.

Pouco se sabe da vida inicial de Osman, exceto que ele se tornou governante desse pequeno território em 1299, que normalmente é tida como a data de fundação do Império Otomano. Osman também é conhecido por ter tido um sonho no qual "viu que uma lua se ergueu do peito do homem santo e veio afundar em seu próprio peito". Quando ele perguntou ao homem santo de seu palácio o que isso significava, este lhe disse que Deus havia escolhido para a Casa de Osman um grande destino: um dia ela governaria um vasto império com montanhas e rios e córregos e jardins. Esta história se tornaria um mito propulsor para Osman e seu povo, que ficou conhecido como otomano em homenagem a seu governante. Desse momento em diante, Osman I gradualmente começou a expandir seu domínio para territórios vizinhos governados pelo Império Bizantino.

O sonho de Osman I não só foi o mito de origem da identidade nacional otomana, como também exerceu um papel importante na psicologia de seu descendente Maomé II, que, em 1444, ascendeu ao sultanato com apenas doze anos de idade, mal tendo concluído sua educação tradicional islâmica na antiga cidade de Amásia.* Apesar de ter sido deposto pelos janízaros, os poderosos soldados de elite que formavam a guarda pessoal do sultão, Maomé II voltou a governar em 1451. Diz muito sobre sua determinação e suas habilidades militares o fato de que, em dois anos, ele havia tomado Constantinopla, além de ter ampliado o

---

* De acordo com Estrabão, o antigo geógrafo grego, este nome vem do fato de que a cidade foi o berço das guerreiras lendárias conhecidas como amazonas.

território de seu império até os Bálcãs, a Anatólia e a costa norte do mar Negro.

Seis anos depois, Maomé II começaria a construir o Palácio de Topkapi, sua residência imperial em Constantinopla.* Como todo palácio imperial, este revela muitíssimo sobre o gosto de seu criador. Nele, não há nada da grandeza sobrepujante da glória imperial romana, ou da escala avassaladora de Versalhes. É quase um palácio simples. Não é imponente por fora, nem sobrepujante por dentro. Mas sua posição é totalmente impenetrável. O terreno do palácio e seus edifícios ocupam o estreito promontório que dá para o mar de Mármara à direita, para o Bósforo abaixo, e para a entrada do Corno de Ouro à esquerda.

Os muros que o cercam estão situados na crista das íngremes encostas rochosas bem acima do nível do mar, e, portanto, não têm necessidade de parecer imponentes. Dentro do portão principal, que serve como entrada para quem vem da cidade, a atmosfera é mais como a de uma universidade que a de um palácio. Tudo é na escala humana, dos edifícios comparativamente pequenos e bem proporcionados aos pátios e caminhos sombreados. Fontes brincam nos jardins. No meio de um pátio fica o edifício quadrado de uma biblioteca; de frente para outro, fica o modesto edifício do tesouro.

Atrás dos muros que circundam os pátios, há pequenas piscinas onde as esposas do sultão se reuniam e se banhavam. E, no extremo do palácio, de onde se avista a água bem abaixo, há um pequeno enclave de mármore com um único assento de

---

* O nome antigo, derivado do imperador romano Constantino, o Grande, continuou a ser usado. Assim como, em certa medida, o nome ainda mais antigo da cidade, Bizâncio. Só gradualmente, com o passar dos anos, o nome atual, Istambul, entraria em uso. Há duas origens conflitantes desse nome. Uma afirma que Istambul é uma corruptela do termo grego "*eis sten polin*" (que significa "na cidade"). No entanto, de acordo com fontes turcas, o nome deriva de "Islam bol" ("repleto de islã", em turco).

mármore, onde o sultão sentava-se sozinho, contemplando, para além da vista da cidade e do Bósforo, a costa da Ásia.

À esquerda do segundo pátio fica o maior edifício do palácio, o Harém. Este abrigava os aposentos do sultão, bem como os de suas esposas e concubinas. Uma entrada para esse edifício leva ao Divã, que é repleto das peças de mobília que hoje levam seu nome. Esta era a câmara do conselho onde o grão-vizir e os outros ministros de Estado do sultão se reuniam em seus divãs, para realizar o que eram praticamente reuniões de gabinete. No alto de uma parede há uma grade, atrás da qual o sultão sentava-se sem ser visto, assistindo enquanto seus ministros discutiam os assuntos de Estado do dia. Depois, o sultão provavelmente convocava um dos ministros para uma audiência pessoal, para explicar o que ele havia dito durante o Divã. Esses debates podiam ser informais (durante os quais podiam ser servidos chás, bolos ou refeições), mas a maneira de discutir era cautelosa e discreta. Todos temiam ser convocados para a reunião posterior com o sultão.

No que concernia à lei mais geral, os otomanos eram um exemplo clássico da observação de Kriwaczek com relação ao governo de povos subjugados: era melhor deixá-los como antes, mas com os novos administradores imperiais ocupando as posições mais importantes. Contanto que recrutas suficientes fossem admitidos no exército imperial local, impostos fossem arrecadados e o "tributo" anual fosse enviado à Porta (administração pública central) em Istambul, havia pouca interferência de seus senhores otomanos. A maior parte dos tribunais locais funcionava de acordo com o costume religioso da região: os judeus eram julgados por tribunais judaicos segundo a lei do talmude, os cristãos tinham seus próprios tribunais que aplicavam o direito canônico, e os tribunais muçulmanos administravam sua própria versão da lei xaria. No entanto, os decretos do sultão estavam acima de todas as leis e deveriam ser obedecidos sem questionamentos.

Havia, é claro, exceções a essa abordagem pragmática. Em uma série de territórios conquistados, os povos subjugados eram convertidos ao islã à força, ao passo que, em outros, os povos subjugados eram "induzidos" a se converter, com recompensas como impostos mais baixos, acesso a emprego privilegiado, propriedade de terra e assim por diante. Desse modo, muitos entre os povos conquistados eram convertidos. As consequências de tais populações religiosas mistas são vistas ainda hoje e explicam hostilidades em regiões como a ex-Iugoslávia e Chipre.

Maomé II pode ter procurado o conselho cultural de venezianos como Bellini; mas não há dúvida de que os otomanos, em muitos aspectos, estavam à altura de seus equivalentes europeus. Apenas dois anos depois da conquista de Constantinopla, Maomé II começou a construir o Grande Bazar, que continua, até hoje, o maior e melhor mercado coberto do mundo, contendo mais de sessenta ruas e 4 mil lojas. Ao mesmo tempo, ele começou a construir o Palácio de Topkapi. Mas o maior feito de todos ainda estava por vir.

A islamização de Istambul alcançaria seu apogeu com Solimão, o Magnífico, que nasceu em 1494, apenas treze anos após a morte de seu único rival em grandeza, Maomé, o Conquistador. Solimão se tornaria sultão aos 26 anos de idade, e seu reinado faria jus a seu epíteto. Ele não só foi o sultão que mais tempo esteve no poder (quarenta e seis anos), como também governaria o Império Otomano em seu apogeu, expandindo seu território até que governou mais de 25 milhões de pessoas. (Em comparação, a população de todo o continente europeu durante este período era 75 milhões.)

Foi Solimão, o Magnífico, que fez a brilhante escolha de Mimar Sinan como seu principal arquiteto. Sinan seria responsável pelas grandes e belas mesquitas que são tão características da Istambul de nossos dias. A mesquita de Solimão, com vista para o Corno de Ouro e a ponte de Gálata, com sua esplêndida cúpula achatada e seus minaretes elevados, cria uma silhueta inigualável contra o céu da noite. Dentro, seu belo pátio dá lugar aos tons etéreos, à caligrafia complexa e aos desenhos simétricos dos vitrais que adornam o vasto interior abobadado. Esta é, com razão, considerada a maior obra de Sinan em Istambul. Certamente, está à altura dos planos de Michelangelo para a Basílica de São Pedro em Roma, datados da mesma época. A técnica e a influência arquitetônica de Sinan foram tão grandes que tanto o Taj Mahal, na Índia, como a recolocação dos azulejos da Cúpula da Rocha, em Jerusalém, foram fortemente inspirados em sua obra.

A mesquita de Solimão, em Istambul, com vista para a entrada do Corno de Ouro.

Outros aspectos influentes da cultura otomana incluem sua culinária, que se espalharia da Anatólia para todo o império. A variedade e originalidade de seus *mezze* (aperitivos) continuam centrais aos cardápios de restaurantes em todo o leste do Mediterrâneo. Outros ingredientes incluem berinjela, carnes assadas no espeto, doces banhados em mel e todo tipo de pratos com vegetais. A maioria destes se originou como refeições camponesas na região da Anatólia ou do Levante. De fato, a transmissão da comida, e nossas palavras para descrevê-la, ecoa a disseminação das culturas. Como indica o antropólogo Jared Diamond, a transmissão de uma língua a outra de palavras que descrevem animais ou alimentos muitas vezes fornece uma compreensão surpreendente da evolução e disseminação desses itens. Considere, por exemplo, o uso da palavra que descreve ovelha, indicando a passagem de sua domesticação. Ovelha é *"avis"* em sânscrito, *"owis"* em grego, *"ovis"* em latim, *"oveja"* em espanhol, *"ovtsa"* em russo, *"avys"* em lituano e *"oi"* em irlandês. O inglês usa a palavra *"sheep"*, mas a raiz antiga é preservada na palavra *"ewe"*.

Isso nos leva a uma distinção histórica adicional que pode ser indicada pela língua. Por exemplo, quando Guilherme da Normandia dominou a Inglaterra em 1066, seu exército incluía muitos cavaleiros franceses, que eram recompensados com propriedades tomadas dos antigos senhores anglo-saxões. A língua falada na mesa de jantar era o francês, ao passo que as palavras usadas pelos criados e cozinheiros continuavam sendo anglo--saxãs. Vestígios disso permanecem nos nomes dos animais e nos pratos de carne cozida que eles preparam. *"Pig"* (palavra anglo-saxã para "porco") torna-se *"pork"* (francês: *porc*), *"sheep"* ("ovelha") torna-se *"mutton"* (*mouton*), *"cow"* ("vaca") torna-se *"beef"* (*bouef*), e assim por diante.

Uma variedade de tais divisões linguísticas profundas entre o colonizador e o colonizado pode ser encontrada até hoje nos ex-territórios do Império Otomano. Dois exemplos comuns são suficientes. O que é chamado *kebab* em turco é insistentemente denominado *souvlaki* em grego. E, ao pedir uma xícara pequena do café espesso do Oriente Médio, pede-se café grego na Grécia, e café turco na Turquia.

Outra diferença na cultura otomana foi observada em 1717 por Lady Mary Montagu, esposa do embaixador britânico. Ela observou que as mulheres locais de todas as classes praticavam "ingrafting" (inoculação), um processo que envolvia perfurar a pele das crianças com uma agulha infectada com uma pequena quantidade de varíola. Depois de um leve acesso de varíola, a criança estaria, então, permanentemente protegida desta doença desfigurante e muitas vezes fatal.

Na época, a varíola era um dos maiores flagelos da medicina. De acordo com Voltaire, 60% da população mundial tinha probabilidade de contrair a doença, causando uma taxa de mortalidade de 20%. A doença se espalhava através dos pulmões; e, ao longo dos séculos, ninguém era poupado, independente de classe ou higiene pessoal. Hoje, sabe-se que o faraó Ramsés V morrera dessa doença já no século XII a.c. Elizabeth I da Inglaterra também padecera da doença, bem como Mozart e George Washington. E seu efeito sobre os astecas a levaria a ser descrita pelo Dr. Edward Jenner como "o flagelo mais terrível da espécie humana".

Quando Lady Mary Montagu regressou à Inglaterra, sua ideia de inoculação não foi amplamente aceita, quase certamente porque ela era uma mulher e não tinha formação médica. Foi só em 1796 que o próprio Jenner introduziu a ideia de inoculação com a varíola bovina, em vez de com a própria varíola humana. Surgia assim a ideia de vacinação, e a varíola foi praticamente eliminada. Poucos perceberam, tanto na época como hoje, que esta se originou de uma invenção otomana.*

---

* De fato, há indícios de que essa prática possivelmente já havia se disseminado em outras partes da Ásia, bem como da África. Já em 1716, o pastor puritano da Nova Inglaterra, Cotton Mather, observou seu escravo Onésimo realizando esse procedimento. Mais tarde, o pastor o colocaria em prática durante um surto de varíola em Boston. Ironicamente, este cientista pioneiro era o mesmo Cotton Mather que exercera um papel importante no julgamento das bruxas de Salém.

A essa altura, o Império Otomano estava no auge de seu poder, com seu território se estendendo do Chifre da África à Argélia. Desde a época de Solimão, o Magnífico, os otomanos tinham controle sobre praticamente todo o Mediterrâneo. Isso se devia, em grande medida, a um pirata de ascendência albanesa conhecido como Barbarossa (Barba Ruiva), que instalara seu quartel-general em Argel. Quando o exército otomano invadiu a cidade, logo se aceitou que Barbarossa deveria permanecer no comando. Isso foi oportuno para ambos os lados. Barbarossa foi declarado Almirante da Frota, e levou sua considerável força naval a uma vitória esmagadora sobre toda a marinha cristã europeia em Preveza (no noroeste da Grécia) em 1539.

Argel continuaria sendo um centro de pirataria durante séculos, atacando navios de todas as nações cristãs. Como acontecera com Júlio César na época da Roma Antiga, os piratas fizeram reféns importantes, só libertando-os da prisão em Argel mediante o pagamento de um resgate. Outros foram simplesmente vendidos como escravos. Um indício da escala de tal pirataria vem da variedade geográfica de suas atividades. Os "piratas bárbaros", como ficaram conhecidos, capturaram reféns ou escravos em lugares tão distantes como África Ocidental, Cornualha e Islândia.

As figuras célebres que sofreram esse destino vão do artista do início do Renascimento Filippo Lippi (que pagou seu resgate vendendo retratos esmerados de seus raptores) ao escritor espanhol Miguel de Cervantes (que escreveria *Dom Quixote* depois de ser libertado). Mas a mais famosa de suas cativas seria uma jovem de vinte anos chamada Aimée de Rivéry (prima de Josefina, esposa de Napoleão), que foi sequestrada em um navio francês no Atlântico. O governador de Argel logo percebeu o alto valor dessa bela virgem branca e, a fim de obter favores com o sultão Abdulamide I, a enviou a Istambul para que ela pudesse ser levada a seu harém.

Conta-se que o sultão ficou tão apaixonado por Aimée que ela foi nomeada sua consorte principal, adotando o nome Valide Sultana Naksidil. Uma mulher dominante e bem-educada, ela persuadiu o marido a introduzir uma série de reformas que deveriam ter sido implementadas havia muito tempo e encorajou estreitas relações diplomáticas com a França. A veracidade dessa história tem sido questionada e, embora alguns aspectos pareçam não ser verdadeiros, não há dúvida da existência de Valide Sultana Naksidil e de sua influência benéfica sobre o sultão.

No fim do século XIX, o poder e o calibre dos sultões otomanos haviam começado a diminuir. Grande parte disso pode ser atribuída a uma tradição singularmente otomana conhecida como *kafes* (jaula), que originalmente foi introduzida por razões humanitárias. Antes do século XVII, quando o sultão morria e seu filho o sucedia, a prática era que todos os seus irmãos fossem executados imediatamente, a fim de evitar qualquer reivindicação ao sultanato. O sultão Amade I, que ascendeu ao trono em 1603, decretou o fim dessa prática bárbara. Em vez de ordenar o assassinato do irmão, este foi confinado na *kafes*, onde lhe foram concedidos todos os confortos, incluindo seu harém de esposas.

Essa prática teria uma série de consequências não intencionais. Quando Murade IV faleceu em 1640, foi sucedido pelo irmão, que se tornou Ibraim I. A essa altura, o novo sultão havia passado 22 anos confinado na *kafes*. É fácil ver por que ele logo ficou conhecido como Ibraim, o Louco. Totalmente ignorante do protocolo e da prática política, além de ser desprovido dos traquejos sociais esperados do ocupante do Palácio de Topkapi, ele passava os dias se divertindo com seu harém na piscina do palácio. Quando ouviu o rumor de que uma de suas esposas lhe havia sido infiel, ordenou que todas as 280 integrantes do harém fossem amarradas em sacos e jogadas de um navio no Bósforo. De acordo com a lenda, uma delas foi resgatada por um navio francês que passava e acabou morando em Paris, onde ganhou uma fortuna depois que suas memórias se tornaram um best-seller.

Tais comportamentos degenerados e decisões erráticas por sucessivos sultões levaram ao enfraquecimento considerável do Império Otomano, e foi então que as potências europeias começaram a tramar para dividir entre si o vasto território do "velho doente da Europa". Em 1914, o Império Otomano foi persuadido a se unir ao lado alemão na Primeira Guerra Mundial. Nessa época, a Turquia e as províncias de seu império estavam começando a se desintegrar. Espalharam-se rumores de vários grupos lutando por poder.

A população da Anatólia continha, como ainda hoje, uma rica mistura de nacionalidades. Estes eram remanescentes de povos que, ao longo dos séculos, haviam conquistado ou defendido o país, além de povos de todo o Império Otomano. Sendo assim, incluíam uma ampla variedade de povos turcomanos (originários da Ásia Central), mongóis, curdos, armênios – e também povos de origem eslava, caucasiana, grega e albanesa.

O notório Genocídio Armênio, que aconteceu em 1915, foi provocado pela paranoia do governo central de que esse grupo cristão, ou outros, dominaria o país. De fato, até então a maioria dos grupos raciais estavam parcialmente, se não totalmente, integrados – havia inclusive armênios que ascenderam ao nível ministerial, administrando instituições vitais como a casa da moeda nacional, a agência de águas e a produção de munições. Durante os anos de guerra, a campanha contra os armênios levou à deportação em massa e, com efeito, ao genocídio. A própria palavra foi cunhada para descrever o que havia ocorrido, um acontecimento que causou a morte de mais de 1 milhão de pessoas.

Em 1918, o Império Otomano se viu do lado perdedor da guerra; e, no Tratado de Versalhes, a Turquia foi desprovida de suas possessões coloniais. Consequentemente, os gregos iniciaram uma invasão oportunista no centro da Anatólia, mas foram praticamente conduzidos de volta pelo habilidoso general Mustafa Kemal, que havia derrotado os aliados em Galípoli. Na confusão que se seguiu, a cidade portuária de Esmirna (hoje Izmir) foi incendiada, e estima-se que 100 mil gregos em fuga podem ter perdido a vida. Alguns meses depois, o último sultão, Maomé IV, abdicou.

Em poucos meses, o general Mustafa Kemal assumiu o poder, nomeando-se Atatürk ("pai dos turcos"), e começou a implementar um amplo programa de reformas que pretendiam "europeizar" o país supostamente atrasado. Estas incluíam medidas como banir o fez para os homens e o véu para as mulheres; transpor a língua turca do sistema de escrita árabe para o europeu; tentar estabelecer uma democracia parlamentar; bem como abolir a lei xaria e reduzir o poder das autoridades religiosas, sobretudo no que concerne à educação. Quase um século depois, começaram a ressurgir disputas sobre a maioria dessas reformas, e hoje são os curdos os bodes expiatórios.

Sequência

O Império Otomano pode ser visto como o último dos impérios à moda antiga. Como vimos, num primeiro momento os grandes impérios do mundo foram iniciados pela ânsia da conquista. (Na verdade, no caso do Império Mongol, esta parece ter sido o início e o fim de todo o projeto.) Outros aspectos, mais civilizatórios, ou mais exploradores, vinham em consequência da conquista.

Mas, desde o fim do século XV, a construção de impérios passou por uma mudança radical: daquele momento em diante, os mares exerceriam um papel fundamental no império; além disso, o "progresso" histórico seria uma característica ainda mais emblemática do que na era romana. A conquista espanhola do Novo Mundo foi quase tão autoritária quanto o Império Mongol, mas teve como resultado a extração de grandes riquezas na forma de ouro e de prata. Os portugueses, por outro lado, haviam contornado o Cabo da Boa Esperança em busca de comércio. Eles pretendiam chegar ao Oriente evitando a Rota da Seda, e seu sucesso levou à bancarrota os venezianos, até então os principais beneficiários do comércio de especiarias orientais valiosas, como noz-moscada, pimenta, canela e gengibre.*

Daí em diante, o comércio frequentemente seria a inspiração inicial, em vez de consequência secundária, da construção de um império. Daí em diante, seria a era dos impérios europeus em constante expansão. A Europa havia se tornado uma arena de Estados-nação concorrentes. Guerras eram vencidas e perdidas, mas os Estados sobreviviam, mais ou menos intactos. Nenhum deles conquistaria todo o continente europeu, até Napoleão. A civilização europeia avançou, incitada por tais conflitos mutuamente destrutivos. No processo, os Estados europeus beligerantes desenvolveram invenções militares cada vez mais engenhosas, que, por sua vez, levaram a uma revolução científica. (Tanto Leonardo como Galileu aspiraram ao sucesso como engenheiros militares: o telescópio modificado de Galileu, proposto aos venezianos como uma forma de se antecipar a uma frota inimiga se aproximando, só se tornaria um instrumento científico revolucionário no momento em que Galileu o ergueu para o céu noturno.)

Enquanto isso, o resto do mundo permanecia praticamente intocado por tal progresso técnico, até que os espanhóis e os portugueses abriram um novo caminho. Outras nações no continente europeu logo seguiram seus passos. Os holandeses, os ingleses, os franceses... todos eles logo estavam navegando os sete mares em

---

* Pode-se afirmar que o objetivo de Colombo era encontrar uma nova rota de comércio para Catai. Do mesmo modo, os primeiros conquistadores foram inspirados pelo mito de El Dorado (a Terra do Ouro) tanto quanto pela conquista.

busca de comércio, conquistando territórios por onde passavam. Tais conquistas territoriais às vezes eram impulsadas por objeções locais a esses comerciantes intrusos, mas, cada vez mais, pela antiga ânsia imperial de conquistar, nesse caso motivada mais pela ganância e pelo desejo de superar os concorrentes europeus do que pelo desejo de dominar ou "civilizar".

Compare isso com o que estava acontecendo do lado diametralmente oposto do continente eurasiático: a China permanecia não dividida e isolada, ao passo que o equivalente oriental do Reino Unido (isto é, o Japão) mantinha uma política similar de isolamento e introspecção. Enquanto isso, as nações europeias continuaram "descobrindo" o resto do mundo, rapidamente reivindicando os territórios como seu "império". O maior deles se tornaria "o império onde o sol nunca se põe": o Império Britânico. Isso era literalmente verdadeiro: independente de como o globo girava, o sol estava sempre brilhando em pelo menos uma parte desse vasto império.

Por outro lado, continha a sugestão implícita de que o sol jamais se poria em tal império. Como vimos, desde o início, esta foi uma ilusão de todos os grandes impérios. O que poderíamos chamar de síndrome de Ozymândias persistiu na era moderna: uma das poucas lições confiáveis da história, seus vestígios podem ser vistos no "Reich de mil anos" de Hitler, bem como na noção de uma "hegemonia americana" permanente.

8
O Império Britânico

Costumava-se dizer que se uma potência tivesse que dominar o mundo durante o século XIX e o início do século XX, esta poderia muito bem ter sido a Inglaterra. Todos os outros candidatos careciam daquele senso britânico de jogo limpo e razoabilidade. Ironicamente, parecia que quanto mais "decente" a nação na Europa, mais infame o tratamento de suas colônias, *viz* o governo bárbaro dos holandeses nas Índias Orientais e o genocídio promovido pelos belgas no Congo.*

No entanto, quanto mais examinamos essa afirmação diminuindo a potência colonial britânica, menos nítida ela se torna. Como todos estávamos preparados para admitir, houve, é claro, uma série de máculas no governo imperial britânico. Consideremos o caso da Índia, a chamada "joia da coroa".** As Guerras do Ópio, no início do século XIX, quando os britânicos forçaram os chineses a comprar ópio cultivado na Índia, dificilmente foram consideradas "jogo limpo". (Consequentemente, 40 mil chineses – principalmente da região costeira – tornaram-se viciados, e o PIB da China caiu pela metade.)

---

* Embora o Congo não fosse de fato belga, e sim posse particular do rei Leopoldo II da Bélgica, tendo sido vendido a ele pelo jornalista e explorador britânico Henry Stanley (que ficou famoso por "Doutor Livingstone, suponho") depois de, inexplicavelmente, ter sido recusado pelos britânicos.

** Este epíteto tinha seu equivalente na realidade. O diamante Koh-i--Noor, um dos maiores diamantes lapidados do mundo, que se originou na Índia, forma a peça central da coroa britânica. O diamante, pertencente à Índia, foi "cedido" à rainha Vitória em 1848.

E então houve o Massacre de Amritsar, em 1919, sancionado pelo governador do Punjab, Michael O'Dwyer, quando soldados britânicos receberam ordens de abrir fogo contra uma reunião religiosa de sikhs. Os relatórios oficiais foram obrigados a admitir que o número de mortes chegou a duas centenas. Investigações posteriores revelaram que mais de mil pessoas morreram e 1,5 mil ficaram feridas. Afirmou-se que este único ato foi o momento cristalizador para o movimento pela independência. Vinte anos depois, Udham Singh, que havia testemunhado o massacre, viajaria sozinho até Londres e, com grande determinação, assassinaria o governador O'Dwyer. Depois de julgado, ele seria enforcado pelos britânicos; até hoje, sua imagem é reverenciada no Templo Dourado de Amritsar, o centro espiritual da religião sikh.

A essa altura, o movimento pela independência estava sendo liderado por Mahatma Gandhi, que promoveria uma política de resistência pacífica, encorajando seus seguidores a deitar sobre trilhos para impedir a passagem de trens. Com certa razão, afirmou-se que tal tática só poderia ter funcionado contra os britânicos, que jogaram baldes de esgoto contra os manifestantes em vez de simplesmente fazer os trens passarem por cima deles.

Além disso, foram os britânicos que construíram as ferrovias, introduzindo um sistema de transporte moderno que abarcava todo o subcontinente. Isso conectou cidades cujas edificações cívicas eram, no mínimo, equivalentes a muitas na Europa, nas quais funcionários públicos indianos e britânicos exerciam uma administração que tentava "modernizar" uma população de centenas de milhões. Isso envolveu a adoção de uma política de dividir e governar, incentivos, recrutamento militar autóctone e ameaça seletiva de uso de força. Para dar uma ideia da magnitude desta tarefa: em 1900, 165 mil britânicos (administradores e exército) governavam em torno de 330 milhões de indianos.

A administração britânica (frequentemente auxiliada pelo exército) introduziu a irrigação moderna, a engenharia florestal,

O Império Britânico

um novo sistema jurídico (e novas prisões), bem como o amplo acesso à educação (em inglês). Presenciou, com perplexidade, os indianos fundando sua própria indústria siderúrgica, que viu a ascensão da Tata Steel, hoje uma das maiores empresas do mundo. Mas, ao mesmo tempo, por mais de quinze anos, o PIB da Índia continuaria estagnado – alguns afirmam inclusive que foi reduzido pela metade. Enquanto isso, o PIB da Grã-Bretanha cresceu aproximadamente 700% durante esse mesmo período, grande parte disso devido à importação de produtos indianos, como juta, algodão, especiarias e até mesmo arroz (apesar da fome).

Por outro lado, políticas esclarecidas levaram ao crescimento de uma próspera classe média indiana, alguns inclusive educados em prestigiosas escolas públicas inglesas. Foram intelectuais dessa classe emergente que um dia formariam a espinha dorsal do movimento pela independência.* Mais uma vez, nos deparamos com a eterna pergunta: "O que os romanos fizeram por nós?". Que leva à pergunta: "O que os romanos fizeram *conosco*?".

Ao acompanhar os novos impérios europeus, o Império Britânico começou uma exploração com vistas ao comércio. Já em 1497, o veneziano Giovanni Caboto (anglicizado para John Cabot) foi financiado por um grupo de mercadores de Bristol para velejar para o oeste através do Atlântico, seguindo os passos de Colombo. Ironicamente, Cabot chegou à terra perto de onde os vikings haviam estabelecido sua breve colônia de Vinlândia, cerca de quinhentos anos antes, um lugar que Cabot batizou de "New Found Launde" (Terra Nova). Cabot compreendeu erroneamente que havia chegado à China e decidiu não fundar uma colônia.

---

* Nehru, o primeiro primeiro-ministro da Índia, estudou em Harrow e em Cambridge. Jinnah (o primeiro primeiro-ministro do Paquistão) e Gandhi estudaram direito e se tornaram advogados em Londres.

Quase um século depois, em 1585, sir Walter Raleigh estabeleceu uma colônia na ilha de Roanoke, na Virgínia, que era, na época, o nome inglês para toda a costa norte do território da Flórida reivindicado pelos espanhóis. Foi da Virgínia que Raleigh levou batatas e tabaco para a Inglaterra. Mas, quando um navio britânico chegou em Roanoke em 1590, descobriu que todos os habitantes haviam desaparecido misteriosamente. Em 1607, os britânicos fundariam o primeiro assentamento permanente nas Américas em Jamestown, cerca de 160 quilômetros ao norte da "Colônia Perdida" de Roanoke.

Apenas meio século depois, o navegante inglês John Hawkins havia assaltado um navio português que viajava da África para o Caribe carregando 301 escravos negros, os quais vendeu em Santo Domingo. Percebendo que este seria um negócio lucrativo, ele então embarcou no comércio "triangular" de escravos, que já estava sendo realizado por várias nações europeias. Este envolvia um navio partindo da Europa com uma carga de têxteis, várias ferramentas, armas e rum. Ao chegar à África Ocidental, esses produtos manufaturados europeus baratos seriam vendidos para líderes de tribos locais em troca de escravos.

O navio, então, embarcava no segundo lado do triângulo, a notória "passagem do meio" através do Atlântico, rumo ao Caribe. Os escravos negros, acorrentados e apinhados, eram transportados sob o convés do navio, onde padeciam calor sufocante e condições terríveis. Muitos morriam, embora fosse do interesse do capitão, e também lucro para seus financiadores, garantir que a maior parte possível dessa carga preciosa permanecesse viva.

Navios carregando 250 escravos (às vezes, até seiscentos) transportavam sua carga humana dessa maneira até as Índias Ocidentais, onde vendiam aos donos das grandes fazendas açucareiras. Os escravos eram, então, destinados à extenuante tarefa de cortar cana-de-açúcar no calor subtropical. Alguns escravos eram vendidos bem mais ao norte, para fazendas britânicas na Virgínia.

O Império Britânico

Os primeiros africanos chegaram na colônia britânica de Jamestown já em 1619. Estes eram submetidos a um regime de servidão por contrato (*indentured labour*), em vez de escravidão "permanente". Isto é, eram obrigados a trabalhar para seus senhores por um período determinado, após o qual eram libertados e, às vezes, recebiam um pedaço de terra. Em 1619, havia também muitos ingleses submetidos a tal regime em Jamestown. Eram homens (e mulheres) que haviam sido culpados por crimes em sua terra natal e condenados a um período de servidão por contrato nas colônias ultramarinas.

Jamestwon, portanto, não só era uma colônia de exploração, produzindo algodão, tabaco e madeira para exportação, como também uma colônia penal que usava condenados como forma de mão de obra semiescrava. Em 1640, três deles, um negro e dois brancos, escaparam de Jamestown e fugiram para o norte, rumo a Maryland. Logo foram recapturados e levados ao Conselho da Virgínia. Os dois fugitivos brancos foram condenados a trabalhar por um período mais longo, ao passo que o fugitivo negro, chamado John Punch, foi condenado à escravidão permanente (isto é, até a morte). Nas palavras de Radney Coates, da Universidade de Miami, isso fez de John Punch "o primeiro escravo oficial nas colônias inglesas".*

O comércio de escravos foi realizado por quase todas as nações marítimas europeias, inclusive a Suécia e a Rússia. Estima-se que foram transportados 12,5 milhões de africanos através do Atlântico, com cerca de 10,7 milhões sobrevivendo à Passagem do Meio, antes de a escravidão ser abolida. O abolicionista britânico William Wilberforce finalmente conseguiu fazer com que o Parlamento aprovasse uma lei abolindo o tráfico

---

* Surpreendentemente, análises recentes de DNA revelaram que John Punch foi o avô da décima segunda geração de Barack Obama por parte de *mãe*.

de escravos em 1807, e os Estados Unidos seguiram o mesmo caminho em 1808. Consequentemente, um esquadrão naval britânico foi incumbido de interceptar navios negreiros partindo da África Ocidental.

Ainda assim, a escravidão continuaria até 1833 nas fazendas açucareiras do Caribe britânico; depois disso, os donos das fazendas forçados a libertar seus escravos receberam "compensação por perda de propriedade" no valor total aproximado de 20 milhões de libras.* Essa soma representava nada menos que quarenta por cento do gasto anual do governo britânico (marinha, exército, administração civil e autoridade sobre todo o território, e assim por diante). Nos termos atuais, esse pagamento valeria em torno de 16,5 bilhões de libras.

Apesar dos esforços de Wilberforce e da marinha britânica, o comércio de escravos representa mais do que uma mera mácula na reputação do Império Britânico. Argumentou-se que todas as outras grandes potências estavam envolvidas, e que os britânicos foram os primeiros a abolir totalmente a escravidão. (Foi só em 1865 que os Estados Unidos aboliram a escravidão interna, e no Brasil esta persistiu até 1888.) De fato, todos os impérios anteriores que discutimos se apoiaram fortemente na escravidão. De sua vida cotidiana a seus grandes monumentos: das pirâmides às belas colunas do Partenon, da imensa caverna escavada para abrigar o exército de terracota do imperador Huang às pedras cortadas e rebocadas para construir as grandes mesquitas de Istambul... tudo só foi possível usando-se enormes quantidades de mão de obra escrava. Mas isso era o passado distante.

Possivelmente, nossa principal questão com a escravidão no Império Britânico (bem como nas Américas e em outros impérios europeus) é que o produto desse comércio impronun-

---

* Ao que parece, ninguém considerou que os próprios escravos merecessem compensação.

ciável assentou as bases do mundo moderno que hoje habitamos. O vasto influxo de dinheiro oriundo das fazendas açucareiras construiu grandes fortunas na Inglaterra. Nick Draper da UCL, que fez um estudo revelador sobre a compensação recebida pelos proprietários de escravos britânicos, estima que "um quinto dos britânicos vitorianos ricos obteve a totalidade ou parte de sua fortuna da economia escravocrata".

De fato, em 1833 havia mais de 46 mil britânicos donos de escravos. Foi assim que os ancestrais de George Orwell, de Graham Greene, do ex-membro do Parlamento David Cameron, e de uma série de outros fizeram fortuna; até mesmo o Bispo de Exeter recebeu mais de 4 mil libras (o equivalente a cerca de meio milhão de libras na moeda atual). E o dado, talvez, mais surpreendente é que metade dos beneficiários da compensação de 1833 foram mulheres, que, em sua maioria, haviam se tornado proprietárias de escravos por meio de herança familiar.

Essa foi a riqueza que criaria bancos, mansões no campo e vastas propriedades. Também financiaria a era do vapor, dos canais, das ferrovias e da maior marinha do mundo. Esse foi o dinheiro que financiou a Revolução Industrial, que fez do Reino Unido e seu império a maior potência do mundo. Uma Revolução Industrial que se espalhou e transformou a Europa. Uma Revolução Industrial que disseminou modernidade por todo o globo. Em outras palavras, o mundo, tal como o conhecemos, foi construído com esse dinheiro. Como Balzac observou: "Por trás de cada grande fortuna há também um grande crime".

Passando para o outro lado do mundo e para as origens orientais do Império Britânico, um de seus primeiros territórios, e também um dos mais importantes, foi uma ilha minúscula com menos de três quilômetros de comprimento e menos de um quilômetro de largura, na atual Indonésia. Esta era Run, uma das ilhas do arquipélago de Banda, situado em meio aos vários arquipélagos dispersos que ocupam os 1,2 mil quilômetros de mar entre o que hoje conhecemos como Bornéu e Papua-Nova Guiné. Originalmente, o arquipélago de Banda havia sido "descoberto" pelos portugueses em 1511. Então, em 1609, a Companhia Holandesa das Índias Orientais se meteu. Mas, em 1611, o capitão britânico Nathaniel Courthorpe se apossou da ilha de Run.

O atrativo desse arquipélago obscuro era que essas ilhas eram, na época, a única fonte de noz-moscada e macis do mundo, duas especiarias que eram tão apreciadas na Europa que valiam mais do que seu peso em ouro. Além de ser muitíssimo apreciada como condimento, a noz-moscada também era valorizada por suas supostas propriedades medicinais: acreditava-se que fosse capaz de curar tudo, de "diarreia sangrenta" (disenteria) a peste. Quatro quilos e meio de noz-moscada podiam ser comprados em Run por apenas um penny inglês (antigo). De volta a Londres, isso podia ser vendido pelo equivalente a 2,50 libras; alguns produtos tinham uma margem de lucro de até 68 mil por cento.

Depois que os britânicos reivindicaram Run, os holandeses sitiaram a ilha esporadicamente. Os britânicos mantiveram uma posse precária da ilha até alguns anos antes de 1677, quando um tratado de paz foi assinado com os holandeses em Breda, na Holanda. Sob os termos desse tratado, o Reino Unido concordou em renunciar a Run em troca de uma ilha um pouco maior que os holandeses possuíam nas Américas: a ilha de Manhattan. Com isso, a colônia local de Nova Amsterdã (com uma população de 2,5 mil) foi rebatizada como Nova York.

De acordo com o historiador Giles Milton, o comércio de especiarias orientais como noz-moscada, pimenta, gengibre e canela daria início a "uma nova era de economia revolucionária baseada no crédito, na ascensão de um sistema bancário rudimentar e, finalmente, à livre iniciativa". Ali estava o começo do capitalismo moderno. O epítome dessa revolução pode ser visto na ascensão da sociedade por ações – mais notavelmente a Companhia das Índias Orientais inglesa. Esta obteve uma carta régia da rainha Elizabeth

I em 1600, que outorgou à empresa o monopólio sobre o comércio britânico com o Oriente durante quinze anos. Isso permitiu que um grupo de comerciantes de Londres comprasse "ações" na empresa, as quais seriam administradas por um conselho diretor. Com o capital acumulado com a venda dessas ações, os diretores compraram um navio, o tripularam e o abasteceram com carga; e deram ao capitão instruções de contornar o Cabo da Boa Esperança e trocar sua carga por especiarias valiosas nas Índias Orientais (na época, uma nomenclatura vaga que abarcava toda a Índia, o sudeste da Ásia e até mesmo a China). Quando (ou se) o navio retornasse à Inglaterra, sua carga de especiarias seria vendida, e os acionistas se beneficiariam dos lucros de acordo com sua participação no investimento inicial total.

A inovação financeira, envolvendo crédito, livre iniciativa e um sistema bancário "rudimentar", estava no ar durante esse período. Os holandeses foram pioneiros, com a maior bolsa de valores da Europa, em Amsterdã. Ainda assim, foi só em 1602 que os holandeses fundaram sua própria Companhia das Índias Orientais, a qual trataria de monopolizar o comércio de especiarias na região que ficou conhecida como Índias Orientais Holandesas (atual Indonésia). Outros europeus, tais como os portugueses e até mesmo os dinamarqueses, já estavam realizando esquemas similares, mas as Companhias das Índias Orientais inglesa e holandesa logo se destacariam como os atores principais, com aquela que se tornaria a Companhia Britânica das Índias Orientais praticamente dominando toda a Índia em menos de dois séculos.

Os lucros oriundos da Companhia Britânica das Índias Orientais logo seriam maiores que os das fazendas açucareiras das Índias Ocidentais. A competição com as companhias holandesas e francesas rapidamente levou a conflitos armados. Em 1800, a Companhia Britânica das Índias Orientais era um Estado dentro de um Estado. Nomeou seus próprios governadores da Índia. Tinha sua própria marinha, composta por comerciantes e embarcações armadas. Sua marinha armada era capaz até mesmo de realizar suas próprias guerras, como as Guerras do Ópio contra a China. A companhia também administrava seu próprio exército de 260 mil homens, com oficiais britânicos comandando soldados recrutados localmente. Isso era o dobro do tamanho de todo o Exército britânico (versão oficial), e era usado para empreender campanhas contra marajás independentes. A derrota, em 1799, do temeroso Tippu Sahib, sultão de Mysore, viu Arthur Wellesley (que posteriormente se tornaria o duque de Wellington) alcançar sua primeira vitória.

Então, em 1857, veio o Motim Indiano, que começou em Déli e logo se espalhou por toda a Índia central. Embora esta finalmente tenha sido reprimida, com muita ferocidade de ambos os lados, foi o bastante para o governo britânico em Londres. O Império Britânico não era lugar para que um subcontinente inteiro fosse governado por uma empresa comercial independente, e o governo nacionalizou a Companhia das Índias Orientais. A Índia foi submetida ao governo colonial britânico e, alguns anos depois, a rainha Vitória seria declarada imperatriz da Índia.

A essa altura, o Império Britânico havia se expandido para proporções verdadeiramente globais. Em 1759, o general Wolfe e seus soldados escalaram as falésias em Quebec, no rio São Lourenço, e tomaram a cidade francesa. Quatro anos depois, o Canadá se tornou uma colônia britânica. No entanto, dez anos mais tarde, quando o governo britânico passou a cobrar impostos das colônias norte-americanas, e então tentou lhes vender chá (importado da China pela Companhia das Índias Orientais, isento de tarifas de importação), isso resultou na Festa do Chá de Boston. Os colonos, vestidos como índios, embarcaram nos navios e atiraram baús carregados de chá no porto de Boston. As manifestações contra o governo britânico inepto, sob o slogan "*No taxation without representation*" ("nenhuma tributação sem representação"), logo se espalharam por todas as treze colônias

O Império Britânico

britânicas nos Estados Unidos, e, em 1776, alcançaram uma vitória histórica, formando os Estados Unidos da América.

A essa altura, o capitão Cook havia navegado pelo Pacífico Sul e fincado a bandeira britânica na Austrália, reivindicando todo o território para o império em 1770. Depois de perder suas colônias norte-americanas, os britânicos já não tinham uma colônia penal onde exilar criminosos que não considerassem merecedores de enforcamento. O roubo de uma ovelha ou "produtos avaliados em vinte pence" mereciam a pena de morte; batedores de carteira e delinquentes juvenis eram meramente exilados para toda a vida em colônias penais nas Américas, onde geralmente trabalhavam em regime de servidão por contrato. Mas, agora que a Austrália havia sido descoberta, as autoridades decidiram que este era o lugar ideal para fundar uma nova colônia penal, e, em 1788, um navio carregando os primeiros prisioneiros chegou a Botany Bay (hoje, Sydney).

O império podia estar florescendo no mundo inteiro, mas a maioria das pessoas no Reino Unido, como as que haviam sido subjugadas no exterior, pouco se beneficiavam com isso. Pelo contrário: a Revolução Industrial resultou em um êxodo das áreas rurais para as cidades a procura de trabalho. O que encontraram era ainda pior do que a servidão de trabalhar a terra. As cidades em rápida expansão logo estavam fervilhando com trabalhadores fabris submetidos a longas jornadas e abrigados em péssimas condições. Os números falam por si sós. Em 1700, Manchester havia sido uma pequena cidade de comerciantes com uma população de 10 mil. Em 1800, havia aumentado para 95 mil; em 1850, 250 mil.

Quando o empresário industrial alemão Friedrich Engels se mudou para Manchester, e viu com seus próprios olhos a miséria inacreditável das favelas, escreveu para seu amigo Karl Marx e, juntos, eles redigiram o Manifesto Comunista, com seu comovente chamado às armas: "Trabalhadores do mundo, uni-vos!".

O Império Britânico estava tornando as pessoas ricas, mas, no mundo inteiro, até mesmo em seu país de origem, a situação de seus súditos era, muitas vezes, uma desgraça humanitária. (O fato de que o sistema marxista simplesmente não funciona, e de que, quando colocado em prática, quase sempre tenha levado a situações de sofrimento intenso e disseminado, de forma alguma nega as situações deploráveis que procurou aliviar.)

Quando a Primeira Guerra Mundial eclodiu em 1914, muitos milhares de jovens em cidades por todo o Reino Unido se voluntariaram entusiasticamente para entrar para o exército. O slogan do exército era: *"Britain Needs You"* ("O Reino Unido precisa de você"). O slogan de muitos dos que entravam era: "Esta é a nossa chance de dar o fora daqui, rapazes". Três anos depois, nas trincheiras se espalhou a notícia de que uma revolução havia ocorrido na Rússia, e muitos daqueles rapazes ficaram felizes com a notícia de que, em algum lugar, finalmente todos os homens poderiam ser iguais. Anos depois, quando meu pai havia se tornado um empresário de sucesso em Londres, ele tinha o hábito de brindar "ao kaiser e a Lenin". Quando a companhia, confusa, perguntava o que ele queria dizer com essa homenagem aparentemente contraditória, ele respondia: "O kaiser me fez sair de Glasgow, e Lenin me fez acreditar que poderia haver justiça na terra".

Ironicamente, o Império Britânico sempre tivera problemas em casa. Levara séculos para que os territórios que compunham a Grã-Bretanha aceitassem aquilo que era, em sua maior parte, dominação inglesa. Em 1301, depois que Eduardo I derrotou os galeses, ele lhes prometeu "um príncipe nascido no País de Gales que não falava uma palavra em inglês". Os galeses presumiram que este seria um galês que falasse a língua galesa, mas haviam sido enganados. O novo príncipe veio a ser o filho de Eduardo I, que por acaso nascera no castelo (inglês) de Caernarvon, no País de Gales. Daí em diante, o filho do monarca em exercício tradicionalmente adquiriu o título de Príncipe de Gales.

Os escoceses se mostraram mais incômodos, contestando amargamente toda tentativa de conquista por parte do "velho inimigo". Então vieram os últimos anos do século XVII, quando os escoceses decidiram se iniciar na atividade imperial, tentando fundar sua própria colônia em Darién, no Panamá. Esta foi financiada pela Companhia da Escócia, uma sociedade por ações nos moldes da Companhia das Índias Orientais. (Ironicamente, esta empresa escocesa foi fundada por William Paterson, o escocês que havia fundado o Banco da Inglaterra.) Todos na Escócia ficaram entusiasmados com seu projeto patriótico, e todos os que puderam investiram suas economias nisso.

Quando o chamado Projeto Darién fracassou – em grande medida, devido ao local mal escolhido, uma região dominada por selva, e à sua vulnerabilidade ao ataque espanhol –, a nação inteira foi à bancarrota. Em 1707, a Escócia assinou um Tratado de União com a Inglaterra, levando o poeta nacional Rabbie Burns a declarar que os escoceses "eram comprados e vendidos por ouro inglês". Seguiram-se rebeliões malsucedidas em 1715 e 1745. Nesta última, os escoceses chegaram a Derby, a pouco mais de 160 quilômetros de Londres, mas, quando ninguém apareceu para combatê-los, eles simplesmente voltaram para casa.

O terceiro dos vizinhos celtas da Inglaterra, a Irlanda, foi o que mais sofreu. Os normandos a haviam invadido em 1169. Depois da Reforma, o temor da Inglaterra de que a Irlanda católica fosse usada como base para que potências católicas europeias atacassem o país predominantemente protestante levou a mais incursões e rebeliões. Ao longo dos séculos XVI e XVII, estabeleceram-se colônias e os irlandeses nativos foram expulsos de suas terras, que foram cedidas a imigrantes protestantes – em sua maioria, vindos da Escócia. Estes ocuparam grande parte do norte do país. A fome e a emigração acometeram todo o país durante o século XIX. Em 1841, a população da Irlanda havia crescido para 8,5 milhões. Em 1900, esse número havia caído para 4,5 milhões.

Então, em 1916, ocorreu uma insurreição em Dublin, que foi parcialmente reprimida por bombas lançadas contra a cidade por uma embarcação naval britânica na foz do rio Liffey. Muitos consideram que esta foi a primeira revolução popular do século XX (acontecendo apenas um ano antes da Revolução Bolchevique na Rússia). Em 1922, a Irlanda finalmente conquistaria a independência. O país que havia sido a primeira colônia do Império Britânico era agora a primeira colônia a se libertar dele. (Os Estados Unidos não contavam. Para os irlandeses, esta foi apenas uma guerra civil entre ingleses. E, além disso, a essa altura grandes partes de Nova York, Boston e Chicago haviam sido colonizadas pelos irlandeses.)

Um mapa do Império Britânico em sua maior extensão (1921).

Em 1913, o "Continente Negro" da África havia sido quase que totalmente dividido entre as potências europeias. Somente a Libéria e a Etiópia continuavam livres, com os britânicos e os franceses dominando a maior parte. Cecil Rhodes, o imperialista britânico por excelência, havia seguido para o norte a partir da Colônia do Cabo com o objetivo de fundar colônias britânicas "do Cabo até o Cairo", mas foi temporariamente impedido pela colonização alemã da Tanganyika (hoje, a Tanzânia continental).

O Império Britânico

O sucesso e a continuidade do Império Britânico dependeram, em grande medida, da marinha britânica. Sendo uma raça insular, os britânicos havia muito entendiam que sua única defesa contra vizinhos continentais mais poderosos residia em "dominar as ondas". Quando a ocasião surgiu, foi a marinha britânica que garantiu a soberania do país. Ao derrotar a Armada Espanhola em 1588, Drake havia "chamuscado as barbas do rei da Espanha". A vitória de Nelson sobre a frota francesa em Trafalgar em 1805 garantiu que Napoleão não pudesse iniciar uma invasão. A Marinha Real britânica não venceu a Batalha da Jutlândia contra os alemães em 1916 – quando muito, foi um empate, com os alemães afirmando ter infligido mais perdas. Mas, após esse confronto, os alemães não tiveram alternativa senão regressar ao porto, onde permaneceram confinados durante o resto da guerra. Não por acaso a marinha é conhecida no Reino Unido como o "Serviço Sênior". No entanto, foi o serviço júnior, a nova Força Aérea Real, que, em 1940, venceu a Batalha da Grã-Bretanha nos céus do sul da Inglaterra, novamente garantindo que nenhuma invasão pudesse ser iniciada.

Então, como o Império Britânico chegou ao fim? Em 1914, as potências europeias haviam dominado quase o mundo inteiro, com os britânicos, os franceses, os holandeses, os espanhóis e os portugueses na liderança. A Alemanha, a essa altura a usina da Europa central, havia chegado tarde pela simples razão de que o Reich alemão unificado de Bismark só surgira em 1871, tarde demais para apanhar qualquer coisa além de alguns pedaços de território não conquistado que ainda restavam dispersos pelo globo. Então, o que aconteceu depois? Talvez inevitavelmente – apesar de uma rede "infalível" de alianças complexas –, os europeus se voltaram uns contra os outros, devastando o continente naquela que ficou conhecida como a Primeira Guerra Mundial.

Os aliados ocidentais, liderados pelo Reino Unido e pela França, foram resgatados pelos norte-americanos, e depois disso o presidente Wilson, dos Estados Unidos, presidiu a Conferência de Paz de Versalhes. Sua mensagem era de autodeterminação para todos os povos. Esta foi aceita na Europa, mas as habilidades diplomáticas superiores dos britânicos e dos franceses garantiram que tal política esclarecida não fosse aplicada a impérios fora da Europa. O Império Britânico estava seguro, mas, ao travar a guerra, os próprios britânicos haviam contraído dívidas gigantescas com os norte-americanos.

Pouco mais de vinte anos depois, a Europa começou a se dividir novamente. Nessa ocasião, os norte-americanos chegaram um pouco mais cedo, bem a tempo de salvar o Reino Unido (e a União Soviética distante), que, solitários, resistiam contra Hitler. Depois dessa guerra, a dívida do Reino Unido para com os Estados Unidos chegou a 21 bilhões de libras (uma dívida que só seria quitada em 2006). Em 1945, o Reino Unido mal conseguia se sustentar, muito menos sustentar um império. As maiores "colônias brancas", como o Canadá, a África do Sul e a Austrália, já haviam obtido "status de domínio" (independência virtual, e depois cada vez mais real). A essa altura, a mensagem de autodeterminação havia se espalhado pelo mundo todo.

Relutante, o Reino Unido foi forçado a conceder independência à Índia em 1948. Uma por uma, ao longo das décadas seguintes, as colônias britânicas se esforçaram para seguir o mesmo caminho. O conflito armado foi atenuado por negociações com os líderes dos movimentos pela independência. (Tornou-se quase um rito de passagem para o futuro líder de uma nação que acaba de conquistar a independência ter cumprido pena em uma prisão britânica.) Finalmente, permaneceram apenas algumas colônias pequenas e remotas. Estas ou não estavam dispostas a pagar os custos envolvidos na independência ou não tinham capacidade de fazê-lo – ou eram tomadas de um patriotismo britânico que desaparecera da metrópole havia muito tempo.

O Império Britânico

Estes últimos remanescentes hoje incluem apenas Gibraltar, as Ilhas Falklands (Malvinas), Santa Helena (que um dia foi colônia penal pessoal de Napoleão) e similares. Enquanto isso, continuam existindo alguns "protetorados" insulares espalhados pelos oceanos Índico e Pacífico, garantindo que o sol ainda nunca se ponha no Império Britânico – mas por pouco, e apenas em seu sentido mais literal.

O império a seguir existiu quase em paralelo com o Império Britânico, mas apenas em termos temporais. Qualquer outra comparação entre os dois oferece uma lição objetiva da imprevisibilidade da história não linear.

9

O Império Russo

Churchill famosamente descreveu a Rússia como "uma charada, envolta em um mistério, dentro de um enigma". Foi assim durante séculos antes de Churchill fazer essa observação, e, de fato, pode-se dizer que continua sendo assim até hoje. O que a Rússia fará a seguir? O que será da Rússia?

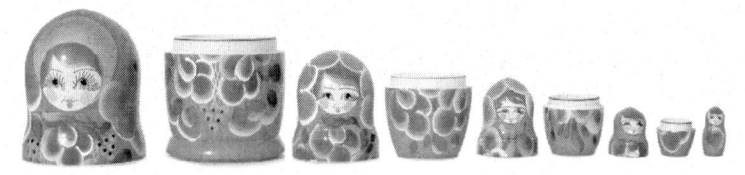

Matriosca: conjunto de bonecas russas que se encaixam uma dentro da outra (da direita para a esquerda).

O fato de que tanto acerca da Rússia permanece opaco, mesmo na era da tecnologia da internet e das mídias sociais, continua sendo um enigma em si mesmo. Isso inegavelmente tem algo a ver com seu tamanho gigantesco e com a variedade de seu povo. A Rússia é, de longe, o maior país do mundo. Em seu estado atual, abrange mais de 17 milhões de quilômetros quadrados. (Em segundo lugar, muito atrás, está o Canadá, com 10 milhões de quilômetros quadrados.) Então há a questão do orgulho nacional, acompanhado de uma desconfiança de influências estrangeiras, o que encoraja um elemento de secretividade.

Em termos geográficos, toda a Rússia a oeste dos montes Urais é parte da Europa. Mas, em termos culturais, a Rússia sempre foi ambivalente acerca de seu status europeu. Há trezentos anos, Pedro, o Grande, fundou São Petersburgo na costa pantanosa do Báltico. A intenção é que esta fosse, para a Rússia, uma "janela para o Ocidente" – uma nova cidade de fachadas de pedra clássicas para substituir a velha Moscou "de madeira" como capital. A Rússia havia começado a se modernizar, mas essa europeização nunca foi totalmente aceita, mesmo entre a nobreza. Possivelmente, o centro da velha Rússia permaneceu em Moscou, com seu Kremlin murado de antigas catedrais, palácios e torres com cúpula em forma de bulbo.*

O Império Russo começou como pretendia prosseguir. Seu fundador geralmente é reconhecido como sendo Ivan, o Terrível, que assumiu o título de "czar de todos os russos" em 1547, quando tinha apenas dezessete anos. Seu avô, Ivan III, o grande príncipe de Moscou, havia conduzido os remanescentes dos mongóis/tártaros da Moscóvia central no fim do século anterior, expandindo seu domínio a noroeste até a costa do mar Báltico, e a nordeste até a costa do oceano Ártico.

A infância de Ivan, o Terrível, foi de um perfeito psicopata. Ele ascendeu ao principado da Moscóvia aos três anos, depois que seu pai morreu de envenenamento do sangue (sepse). Sua mãe morreria cinco anos depois, de uma forma mais direta de envenenamento provocada por uma facção do palácio. Com isso, o pequeno Ivan seria criado por grupos rivais de boiardos. Estes eram os aristocratas feudais do Leste Europeu, o nome derivou da palavra *boylare* – "nobre", em búlgaro antigo. Enquanto grupos rivais de boiardos submergiam a Moscóvia no caos, o jovem Ivan crescia em meio a uma corte cheia de intriga, desconfiança e envenenamento. Sua resposta foi desenvolver o hábito de torturar pequenos animais.

---

* A palavra *Kremlin* significa literalmente "fortaleza dentro de uma cidade". Cada antiga cidade da Rússia tinha um Kremlin em seu centro, assim como as cidades da Grécia Antiga e, de fato, cidades em todo o Oriente Médio têm sua antiga acrópole, ou cidadela.

Apesar de tal criação desfavorável, Ivan se tornaria um jovem inteligente, versado em literatura e música. Ele também alimentou a ambição de fazer o país voltar aos tempos da Rússia de Kiev, a confederação de tribos eslavas que antecedeu a invasão mongol, quando os principados e os domínios ocupados pelos rus' iam do mar Báltico ao mar Negro e, para o leste, até os montes Urais. Em grande medida, esta havia se expandido a partir do interior dos sistemas fluviais Daugava-Dnieper, pelos quais os vikings originais navegaram da Escandinávia ao mar Negro e a Constantinopla no século X.

Foi essa ligação com Constantinopla que levou a população de rus' a se tornar cristã. Vladimir, o Grande, o governante da Rússia de Kiev no início do século XI, era um pagão convicto e cultuava os antigos deuses vikings e eslavos. Conforme as práticas predominantes esperadas de um governante pagão, ele tinha várias esposas e cerca de oitocentas concubinas. Para garantir boa fortuna, ele apaziguava os deuses erguendo muitos templos e estátuas em homenagem a eles.

Por algum tempo, missionários cristãos se aventuraram de Constantinopla até a Rússia de Kiev, sofrendo grande martírio no processo. No entanto, esses "apóstolos dos eslavos" introduziriam uma série de inovações benéficas. Eles registraram a mais antiga versão conhecida do alfabeto eslavo, o alfabeto glagolítico, que se baseava no alfabeto grego. Seus seguidores posteriormente desenvolveriam o alfabeto cirílico, assim batizado por causa do bizantino são Cirilo, que havia introduzido o alfabeto eslavo anterior. Com o tempo, o cirílico passaria a ser usado pela língua russa, bem com pelas línguas do Leste Europeu e do Norte da Ásia.

Vladimir ficou tão impressionado com os avanços introduzidos por esses monges cristãos que começou a ter suas dúvidas com relação aos deuses pagãos, e enviou comissários para estudar outras religiões, como o judaísmo, o islã, o catolicismo romano e o cristianismo ortodoxo bizantino. Os comissários que Vladimir enviou a Constantinopla ficaram impressionados com a beleza de uma missa realizada na enorme basílica de Santa Sofia, a edificação mais sofisticada do mundo bizantino. "Nós já não sabíamos se estávamos no céu ou na terra", eles disseram a Vladimir. Consequentemente, Vladimir foi batizado em 987. Ele, então, convocou a população inteira para se reunir nas águas do rio Dnieper, onde eles receberam um batismo em massa. Daí em diante, a Rússia de Kiev seria uma nação cristã. Surpreendentemente, as pessoas da Rússia de Kiev simpatizaram com a nova religião, e estabeleceu-se uma forte conexão com Bizâncio. Isso inclusive sobreviveria aos séculos de domínio mongol (1237-1480). Mas a conquista mongol teria o efeito de isolar ainda mais os rus' da Europa, um isolamento que persistiria mesmo depois que os mongóis fossem expulsos pelo avô de Ivan, o Terrível.

Quando Ivan foi coroado "czar de todos os russos", isso foi mais do que um ato de engrandecimento pessoal: também remetia simbolicamente a um passado que, nesse momento, era tudo menos lendário. Ivan estava reivindicando o legado da Rússia de Kiev, anterior à invasão mongol. De acordo com a historiadora norte-americana contemporânea Janet Martin, especialista em Rússia medieval: "O novo título simbolizava um pressuposto de poderes equivalentes e paralelos àqueles detidos pelo antigo césar bizantino e pelo cã tártaro, ambos conhecidos nas fontes russas como czares. O efeito político foi elevar a posição de Ivan". O czar era, portanto, não só o governante secular da Rússia, como também seu líder divino, que havia sido nomeado por Deus para fazer valer sua vontade.

O conceito de "direito divino dos reis" também era amplamente aceito na Europa. Por outro lado, o poder religioso definitivo permanecia universal e separado, na forma do Papa. E, mesmo aqui, o poder religioso não seria absoluto. Nos primeiros anos do século XVI, a Europa Ocidental seria dividida pela

Reforma. O século que a precedeu havia visto o Renascimento, que afetou toda a cultura europeia. A arte, a arquitetura, a literatura e a ciência seriam transformadas sob a influência de um novo humanismo, que se inspirava na Roma e na Grécia antigas. Essa filosofia atribuía um valor crucial à humanidade individual, criando uma profunda transformação mental.

O mundo medieval, que via esta vida como meramente uma preparação para o dia do juízo e a vida por vir, foi drenado de seu imperativo psicológico. Toda essa mudança – uma transformação fundamental na civilização ocidental – estava acontecendo em uma Europa que tinha pouco contato com a Rússia. Mesmo a conexão com Constantinopla havia se rompido, quando o mundo bizantino foi varrido pelos otomanos.

De 1547 em diante, os russos seriam governados por um czar que tinha poder espiritual e secular absoluto. E o tempo todo o país permaneceria isolado. Avanços decisivos na história europeia – da Magna Carta (a primeira garantia de direitos civis) ao Renascimento e à Reforma (que viu os protestantes se separarem da igreja católica romana)* – não encontrariam eco na Rússia.

No entanto, quando a Europa se dividiu durante a Guerra dos Trinta Anos (1618-1648), um conflito brutal de cunho predominantemente religioso, isso fora precedido na Rússia, durante o reinado de Teodoro I (filho de Ivan, o Terrível), pelo "Tempo de Dificuldades" (1606-1613). Este testemunhou uma catástrofe generalizada como a que afetaria a Europa central. Mas, ao que tudo indica, não foi iniciado por divisão religiosa. Um czar corrupto e uma administração ineficaz resultaram em anarquia depois dos verões gelados de 1601-1603, quando as colheitas arruinadas desencadearam fome e revoltas.

---

* Isso sinalizou uma mudança fundamental na natureza da fé cristã. De agora em diante, cada um dos fiéis protestantes poderia orar diretamente a Deus, sem a intermediação de um padre (ou czar).

No Ocidente, forças polonesas e lituanas tiraram vantagem desse caos para invadir a Rússia, tomando Moscou em 1610. Mas, como Napoleão e Hitler descobririam anos depois, chegar a Moscou não era garantia de vitória sobre a Rússia. A cidade de madeira foi incendiada, e um exército patriota, predominantemente "voluntário", forçou os invasores a se retirarem em 1612. Esses voluntários não teriam se voluntariado por conta própria; em sua maioria, eram servos que haviam sido "voluntariados" por seus senhores feudais. A servidão na Rússia significava que, legalmente, os nobres fundiários eram donos dos camponeses que trabalhavam em suas terras. A servidão havia sido praticamente extinta na Europa Ocidental com o colapso do sistema feudal, que nunca se recuperou totalmente da Peste Negra. Na Rússia, a servidão só seria abolida em 1861 (isto é, quatro anos *antes* de a escravidão ser abolida no extremo sul dos Estados Unidos). Após o caos do "Tempo de Dificuldades", em 1613 uma reunião de senhores feudais votou a favor da instalação de uma nova dinastia de czares: os Romanov. O primeiro da nova linha de czares Romanov seria Miguel I, cujo avô fora conselheiro de Ivan, o Terrível, e também irmão de sua primeira esposa, a czarina Anastásia.

Foi durante o governo de Miguel I que a Rússia começou sua expansão mais duradoura, para além dos Urais, até a Sibéria. Em 1639, exploradores russos haviam chegado ao oceano Pacífico com um assentamento sendo estabelecido em 1647 em Okhotsk, que fica cerca de 2 mil quilômetros ao norte da atual Vladivostok. (Um indício da escala gigantesca da Rússia pode ser observado no fato de que Okhotsk fica 5,5 mil quilômetros a leste de Moscou, com o ponto mais oriental da Rússia ficando 2,4 mil quilômetros mais distante.)

O Canato de Sibir, uma região de tribos nativas e de vários povos muçulmanos, fora oficialmente um estado vassalo da Rússia desde 1555. Mas foi só no século seguinte que a região conhecida como Sibéria se tornaria parte do Império Russo. Cossacos derrotaram as tribos locais, estabelecendo fortalezas. Então, o Estado russo arrecadou impostos dos membros das tribos subjugadas, supostamente em troca de proteção contra seus inimigos de longa data – outras tribos que ainda não haviam sido subjugadas. Enquanto isso, outros cossacos realizaram expedições para obter a pele de zibelinas, raposas e arminhos, que alcançavam um preço elevado no oeste da Rússia, e ainda mais nos mercados da Europa Ocidental.

As regiões mais a noroeste na Sibéria eram ocupadas por tribos de coriacos e chukchis, muitas das quais estiveram isoladas de todo contato exterior desde a Idade da Pedra. O clima severo garantira que esses povos nômades remotos permanecessem em um estágio de desenvolvimento que havia desaparecido da Europa cerca de 4 mil anos antes. A Sibéria se tornou o "Velho Oeste" da Rússia, que existiu como tal cerca de dois séculos antes do "Velho Oeste" norte-americano. Mas, enquanto este último constava de planícies extensas e seria colonizado por fazendeiros e "cowboys" pioneiros, o terreno muito diferente das florestas e da tundra no Velho Oeste russo foi ocupado principalmente por prisioneiros e servos fugitivos, bem como por "velhos crentes".

Estes últimos eram cristãos ortodoxos, que rejeitavam as reformas introduzidas em uma tentativa de alinhar a igreja ortodoxa russa com a grega. Essas reformas litúrgicas e rituais foram instigadas em 1666-1667 pelo patriarca Nikon de Moscou, sob o auspício do czar Aleixo, filho de Miguel I. Desse momento em diante, todo aquele que se aferrasse aos antigos ritos era anatematizado ou colocado sob a maldição de Deus. Isso significava que eles só poderiam continuar a praticar sua fé em regiões situadas além da Rússia europeia e dos Urais.

Devido à natureza da Sibéria e à expansão de seus novos habitantes, até mesmo suas localidades mais remotas eram vistas como parte de um Império Russo em expansão, em vez de como colônias distintas. O avanço para o leste continuou em tal medida que, apenas cem anos depois de chegar ao Pacífico, o explorador dinamarquês Vitus Bering, a emprego da marinha russa, se aventurou pelo estreito que foi batizado em sua homenagem. Dali, ele avistou a costa distante da América continental e, ao pisar terra firme, reivindicou o território em nome do czar. Logo chegariam também pessoas interessadas em capturar e caçar animais, estabelecendo-se no Alasca e, finalmente, avançando muitas centenas de quilômetros pelo arquipélago da costa oeste norte-americana.

As reformas litúrgicas de 1666-1667 foram uma rara tentativa de unificar a Rússia com seus vizinhos europeus. Infelizmente, essa unidade foi alcançada com a religião ortodoxa, que então florescia apenas nas partes mais atrasadas do sul da Europa, bem como no Levante e além. Essas áreas mal haviam sido tocadas pelos grandes avanços que estavam acontecendo no norte e no oeste da Europa, como o Renascimento e a Reforma. Apenas um ano depois que os russos implementaram suas reformas religiosas, a desastrosa Guerra dos Trinta Anos que devastara a Europa Central e Ocidental chegou ao fim. Mas, com a cessação das hostilidades, veio uma transformação do pensamento político ocidental, que continua até hoje.

O Tratado de Vestfália de 1648 estabeleceu as bases da política internacional. Estabeleceu a ideia de autodeterminação nacional, a soberania do Estado, e decretou contra qualquer envolvimento de estados vizinhos em assuntos nacionais. Nações existindo lado a lado com diferentes costumes, cultura, religião ou raça não deveriam interferir uma na outra, independentemente de quão antiéticas pudessem ser tais práticas.

No que concerne às nações europeias, esse princípio possivelmente foi honrado tanto na violação como na observância ao longo dos séculos desde 1648. No entanto, a semente havia sido plantada. Das prolongadas negociações preliminares para o Tratado de Vestfália participaram, de maneira intermitente,

194 estados diferentes (muitos dos quais eram pouco mais que ducados familiares alemães). Todos aderiram à nova ordem, que permaneceu central ao direito internacional. Ironicamente, embora as potências europeias não praticassem tal observância ao estabelecer seus impérios em várias partes do mundo, este princípio seria um argumento importante para os povos que procuraram se libertar desses impérios, e especialmente na criação dos Estados Unidos.

Logo após o Tratado de Vestfália, a Suíça se tornaria independente da Áustria, e os Países Baixos, da Espanha. A Rússia não participou dessas negociações e, com efeito, durante toda a sua longa história, a política do Império Russo – em suas várias formas – raramente prestou atenção a essa noção de autodeterminação nacional. A ironia maior vem do fato de que, durante esse mesmo período, a Rússia seria governada por Pedro, o Grande, o czar que fez tudo o que estava em seu alcance para arrastar a Rússia para a esfera europeia de iluminismo e modernidade. Seu governo de 43 anos, de 1682 a 1725, transformaria o país de um estado de estagnação histórica a uma importante potência europeia e participante nos assuntos do continente.

Desde o início, Pedro foi diferente. Seu pai, Aleixo I, garantiu que ele recebesse a melhor educação disponível. Isso significou ser ensinado por vários tutores, incluindo um soldado escocês aristocrata de grande riqueza, que acreditava em "fazer jogos ao ar livre com munição viva". Aos dez anos de idade, Pedro foi escolhido para ser czar pela Duma Boiarda (um conselho de nobres). Depois de um período de brigas familiares, Pedro enfim se tornou um governante totalmente independente aos 22 anos de idade. Nessa idade, ele havia atingido a altura excepcional de 1,98 metro, mas sua estrutura corporal era fraca, e ele sofria com tiques faciais.

Mesmo tão jovem, Pedro já tinha em mente um plano grandioso para a Rússia. Isso pode ser resumido em uma palavra:

Reforma. Ele desejava transformar o país de cima a baixo, convertendo a Rússia em um Estado nos moldes europeus. Seu reinado começou com um decreto banindo barbas e robes de sua corte, ordenando que, daí em diante, fossem usados trajes europeus. Então, o jovem Pedro, o novo czar, partiu com uma grande delegação para formar alianças com monarcas europeus e descobrir por si mesmo como o mundo moderno funcionava. Ele insistiu em viajar incógnito, mas isso logo se tornou cômico devido à sua grande altura e à fúria que ele expressava quando membros de sua delegação se abstinham de tratá-lo com a deferência exagerada esperada de todos os cidadãos na presença do czar. A viagem prolongada de Pedro pela Europa incluiu longas estadias na França, na Inglaterra e na Holanda, onde ele observou e aprendeu muito sobre as conquistas da civilização ocidental. A Europa estava entrando na era do Iluminismo, que valorizava o pensamento racional e o avanço científico – um contraste absoluto com o pensamento místico tão prevalente na Rússia.

 Esta primeira incursão russa à Europa também traria resultados diplomáticos duradouros. Finalmente, tratados seriam assinados com Veneza e com o Sacro Império Romano-Germânico, que protegia do Império Otomano o lado sul da Rússia; e um tratado com a Dinamarca abriu o caminho para o Báltico sem interferência sueca. Este último resultaria no maior feito de Pedro, a construção de São Petersburgo, garantindo à Rússia um porto que dava acesso à Europa durante quase o ano todo. Seu único outro porto ao norte, Arcangel, ficava congelado por meses a fio durante os longos invernos.

 Embora esta nova cidade tenha sido batizada em homenagem ao santo patrono de Pedro, recebeu, significativamente, o sufixo alemão "burgo". Aos olhos do novo czar, a Alemanha representava todas as coisas modernas. Arquitetos suíços, franceses e escoceses foram importados, e um vasto exército de camponeses foi recrutado de todo o país. Estes drenaram os pântanos e construíram os edifícios majestosos ao longo da rede de canais na ilha de Vassiliev, a ilha central na foz do rio Neva. O projeto havia sido iniciado em 1703, quando os suecos foram expulsos de sua fortaleza na foz do rio Neva, e, em 1712, Pedro, o Grande (como então estava ficando conhecido), transferiu a capital para São Petersburgo. No decurso da construção da cidade, muitas dezenas de milhares de camponeses perderiam a vida.

Pedro, o Grande, oficialmente declararia a Rússia um império em 1721, época em que seu território ia da Finlândia ao Pacífico, chegando ao mar de Azov, ao sul, e à costa norte do mar Cáspio. Somente durante o século seguinte o império se expandiria de maneira gradativa para o sul e para o leste, até a Ásia central, que ficaria conhecida como Turquestão russo (o atual Cazaquistão e seus vizinhos turcomanos).

Pedro, o Grande, garantiu a própria sobrevivência e a de seu programa de europeização ao reduzir a forte influência dos poderosos boiardos pró-eslavos. Entre outras medidas, ele impôs uma taxa proibitiva sobre o uso de barba, que os boiardos consideravam uma medida de seu status (status inferiores só tinham permissão para usar bigode). Na época em que Pedro III se tornou czar em 1762, a europeização entre a família governante russa havia alcançado limites extremos.

O homem que se tornou Pedro III era filho da filha mais velha sobrevivente de Pedro, o Grande, e nasceu em Quiel como Karl Peter Ulrich von Schleswig-Holstein-Gottorp. Sua esposa era a princesa Sofia de Anhalt-Zerbst, ainda mais alemã. Pedro III mal conseguia pronunciar uma frase em russo, o que dificilmente contribuía para que ele fosse querido por seus súditos. No entanto, ele se mostrou ainda mais impopular com a esposa, que ordenou que ele fosse assassinado seis meses depois de subir ao trono. Com isso, ela própria se tornou imperatriz da Rússia e governou durante 34 anos, ficando conhecida como Catarina, a Grande.

Desde o início, Catarina estava determinada a seguir os passos de Pedro, o Grande. Ela começou reformando a administração e ordenou a construção de novas cidades. Sua corte atrairia intelectuais europeus do mais alto calibre, a exemplo do suíço Leonhard Euler, um dos maiores matemáticos de todos os tempos. Seu reinado também possibilitou o florescimento de talentos nacionais, em especial o "pai da ciência russa", Mikhail Lomonosov, que foi um polímata notável. Ele não apenas escreveu poesias originais, como também fez importantes descobertas em química e astronomia. Foi durante o reinado de Catarina que a Rússia expandiu seu império ao longo da costa do mar Negro e da costa oeste da América do Norte.

A essa altura, estava claro que a Rússia estava emergindo como um ator importante na cena europeia. Tanto é, que atrairia a atenção de Napoleão. Tendo conquistado a maior parte da Europa, em 1812 Napoleão lançou seu exército revolucionário numa ofensiva em direção a Moscou, que ele ocupou. Mas o maior estrategista militar de sua época havia negligenciado três fatos básicos com relação ao Império Russo: sua grande extensão, sua vasta população e seus invernos rigorosos. Mais uma vez, os habitantes de Moscou incendiaram sua cidade de madeira e se retiraram para o interior, deixando Napoleão enfrentar o inverno russo em meio às ruínas. Napoleão foi obrigado a ordenar uma retirada. Sua retirada de Moscou e regresso à Europa seria uma das derrotas mais amargas na história europeia, custando a vida de até 380 mil homens.

Após a derrota de Napoleão na Batalha de Waterloo em 1815, o czar russo Alexandre I foi convidado, junto com outros estadistas europeus, ao Congresso de Viena. Ao lado de figuras da estatura de Metternich, Wellington e Talleyrand, Alexandre I procurou definir o futuro da Europa durante o século seguinte. Esta foi a primeira vez na história que líderes de toda a Europa se reuniram para tomar tais decisões momentosas. Para Alexandre I, o Congresso de Viena foi um grande sucesso. Ele conseguiu obter o controle da Polônia e, ao mesmo tempo, garantir uma coexistência pacífica na Europa. Também firmou uma Santa Aliança, uma coalizão de potências monárquicas que pretendia derrotar a revolução e o republicanismo secularista. Tendo começado seu reinado como um liberal, Alexandre I havia se transformado em um tirano nacionalista reacionário.

Antes desse período, as classes mais altas na Rússia haviam sido totalmente europeizadas, como descrito por Tolstói em *Guerra e paz*. Mas os servos, embora tivessem sido "libertados", continuaram sendo membros de uma gigantesca subclasse eslava oprimida. Estes eram o lumpemproletariado, descritos por Marx como os que não tinham "nada além de sua força de trabalho". Aqui, vemos as palavras iniciais de outro grande romance de Tolstói, *Anna Kariênina*, aplicadas em uma escala continental: "Todas as famílias felizes se parecem, cada família infeliz é infeliz à sua maneira". Essa "infelicidade" na Europa permaneceu mais ou menos restrita "à sua maneira", com ciclos de libertação e repressão alternados. Por outro lado, a maneira russa envolveu um governo autocrático cada vez maior, que começou a transformar a Sibéria em uma vasta colônia penal e garantiu que cada comunidade intelectual ou boêmia nas grandes cidades da Europa tivesse seu grupo de revolucionários russos exilados.

No começo do século XX, o equilíbrio de poderes na Europa estava garantido. Foi construído conforme o projeto apresentado pelo Tratado de Vestfália, com bases assentadas pelo Congresso de Viena, e edificado ao longo do século XIX em uma série de tratados entrelaçados. No entanto, bastou remover um tijolo para que a casa inteira ruísse. Isso poderia ter resultado em apenas mais uma guerra europeia autodestrutiva. No entanto, a essa altura os impérios europeus abarcavam o mundo todo, ao passo que as revoluções industrial e científica haviam possibilitado a construção de uma máquina militar monstruosa.

Isso significou que em vez de uma guerra civil europeia, como a Guerra dos Trinta Anos, ou, em grande medida, as Guerras Napoleônicas, em 1914 a humanidade se viu capaz de lançar uma Guerra Mundial.

Em 1917, o exército russo estava em um estado de colapso, bem como o país que deveria defender. Em março de 1917, o czar Nicolau II, débil e impopular, foi forçado a renunciar a favor de um Governo Provisório. Os alemães enviaram Lenin, o revolucionário bolchevique exilado, de volta para a Rússia, na esperança de que ele fomentasse uma situação que resultasse em uma rendição russa. Isso de fato aconteceu, mas, antes, Lenin logrou seus adversários políticos – uma maioria que ia de socialdemocratas a companheiros revolucionários – e organizou uma Revolução Bolchevique. Lenin assumiu o comando da nova Revolução, proclamando uma mistura enganosa de ideias marxistas, comunistas e próprias.

Seguiu-se uma guerra civil, entre os Vermelhos (sob Lenin, mas liderados por seu escudeiro, Trotski) e os Brancos (que iam de czaristas a democratas e anarquistas, apoiados por invasões oportunistas realizadas por forças expedicionárias britânicas e norte-americanas). Cinco anos depois, os Vermelhos saíram vitoriosos, e Lenin decretou que a Rússia era, a partir de então, a União das Repúblicas Socialistas Soviéticas (URSS). Esta não viria a ser nem uma união, nem socialista, nem governada por sovietes (conselhos operários), e tampouco uma república: foi um ressurgimento do Império Russo sob uma aparência diferente.

O país estava agora sujeito ao governo autocrático de um pseudoczar, desprovido de sucessão familiar ou de qualquer outra forma reconhecida de sucessão. Nesse aspecto, tem sido comparado ao papado ou a uma família mafiosa – onde um líder "surge". Pouco mais de um ano depois do fim da guerra civil, Lenin morreu. Com isso, o sucessor esperado, Trotski, fugiu para salvar a própria vida, e um georgiano chamado Stalin, que na verdade havia sido um gângster (e padre estagiário), "surgiu" como líder.

Surpreendentemente, houve um choque ideológico genuíno por trás dessa tomada de poder. Trotski concordava com o slogan de Marx, "Trabalhadores do mundo, uni-vos", e desejava espalhar a revolução comunista pelo globo. Stalin, por outro lado, desejava consolidar o "comunismo em um só país". Somente então ele lançaria a "inevitabilidade histórica" do comunismo, suplantando as várias formas de capitalismo que haviam se desenvolvido no "mundo livre".

Qualquer um que questionasse o propósito dos impérios anteriores recebia uma resposta muito similar à justificativa para escalar o monte Everest: "porque estava lá". Mas, nesse ponto, a história também havia se tornado científica. As ideias tomaram o lugar dos fatos. A natureza do capitalismo era tal que este estava historicamente predeterminado a se autodestruir, com o que surgiria uma era socioeconômica totalmente nova, onde todos seriam iguais sob a "ditadura do proletariado". Todas as propriedades pertenceriam coletivamente a uma sociedade sem classes. Os meios de produção estariam nas mãos do Estado... e assim por diante, conforme os três volumes de oitocentas páginas cada que compõem *Das Kapital*, de Marx. (Ele havia planejado escrever seis volumes, mas conseguiu comunicar sua mensagem mesmo assim.)

Durante muitos anos, as pessoas sonharam com uma sociedade justa. "Ao kaiser e a Lenin", e assim por diante. No Império Russo, antes da Revolução, era possível perguntar: "O que os Romanov fizeram por nós?". Mas o advento do comunismo tornou desnecessárias tais perguntas ingênuas. Marx havia descoberto a ciência por trás da história "inevitável", e a ciência não estava aberta a questionamento.

As sociedades de classes do Ocidente – do Reino Unido com suas casas de campo aos Estados Unidos com seus barões ladrões – olharam horrorizadas, temendo ser contagiadas pelo comunismo. Nos Estados Unidos, os Trabalhadores Industriais do Mundo (os Wobblies) atraíram milhares, liderando greves. Em 1918, em meio ao caos da Alemanha derrotada, o jornalista Kurt Eisner declarou a Baviera um Estado comunista independente. A Hungria também se declarou comunista. No Reino Unido, 60 mil operários em greve em Glasgow tiveram de ser dispersados por tanques, e o líder revolucionário dos escoceses, John Maclean, foi nomeado por Moscou "o cônsul bolchevique na Escócia".*

Em 1921-1922, a Rússia (que, durante esse período, havia se tornado a União Soviética) padeceria a fome do Volga. Esta foi causada pelo caos da guerra civil, e também pela seca e por transporte inadequado. Mas foi exacerbada pelo comunismo de guerra introduzido por Lenin. Isso implicou no confisco dos estoques de cereais dos camponeses, que, aos olhos dos bolcheviques, eram resistentes ao comunismo, a fim de abastecer o proletariado urbano, cuja lealdade era essencial.

A insurreição, especialmente por parte de marinheiros em Kronstadt, a base naval fora de São Petersburgo onde a Revolução havia começado, levou Lenin a abrandar sua política rígida. No lugar, ele implementou a Nova Política Econômica, que permitiu, sobretudo no campo, "livre mercado e capitalismo, ambos sujeitos ao controle estatal". Apesar disso, 5 milhões morreram naquela que ficou conhecida como a fome do Volga, que assolou uma grande região a sudeste de Moscou, chegando aos Urais, a leste, e ao mar Cáspio, ao sul.

Em 1931, sete anos depois de Stalin chegar ao poder, ele admitiu, com admirável franqueza:

---

* Após sua morte, a Angliyskiy Prospekt (Avenida Inglesa) em São Petersburgo (posteriormente russificada para Petrogrado) teria seu nome alterado para Maklin Prospekt em homenagem ao ex-cônsul dos escoceses. Desde então, retornou a seu nome original.

Estamos cinquenta ou cem anos atrás dos países avançados. Precisamos alcançá-los em dez anos. Ou fazemos isso ou seremos destruídos.

A última afirmação não era de todo paranoia. A resposta de Stalin a essa situação foi abolir a Nova Política Econômica e instigar o primeiro Plano Quinquenal. Este decretou que toda terra seria coletivizada, e que os camponeses seriam reunidos em grandes fazendas coletivas. Os camponeses que resistissem a abrir mão de seu pedaço de terra, ou qualquer um que tivesse lucrado durante os anos da Nova Política Econômica, eram rotulados "kulaks" e declarados "inimigos da classe trabalhadora". Essa insistência no idealismo em detrimento do realismo resultaria na Fome da Ucrânia, em 1922-1923, que viu 10 milhões de mortes em uma região que se estendia até o Cazaquistão e além.

Nessa época, as suspeitas de Stalin haviam se cristalizado em paranoia genuína. Entre 1936-1938, isso resultou no Grande Expurgo. A diferença entre este e as mortes em massa anteriores foi que o expurgo afetou os escalões superiores da sociedade soviética: oficiais do exército (especialmente generais), os profissionais, a intelligentsia, até mesmo a polícia secreta que havia realizado o expurgo, bem como os suspeitos usuais entre as camadas mais baixas. Isso resultou em cerca de um milhão de mortes, com muitos mais sendo enviados para os gulags, um novo sistema de campos de trabalho forçado na Sibéria.

Outros foram enviados para trabalhar nos projetos favoritos de Stalin, como o canal do mar Branco. Este pretendia ligar Petrogrado (rebatizada de Leningrado), no mar Báltico, a Arcangel, no mar Branco. O resultado foi, possivelmente, 750 mil mortes (cerca de o dobro dos que morreram durante toda a construção de São Petersburgo). O resultado final foi um canal que não era profundo o suficiente para permitir a passagem de navios oceânicos, apenas barcas e cargueiros costeiros menores.

O Império Russo

O período de catástrofe e morte autoinfligida do Império Russo chegaria ao fim com o advento da Grande Guerra Patriótica (conhecida no Ocidente como a Segunda Guerra Mundial) contra a Alemanha nazista. Nesta também o povo russo sofreu perdas catastróficas, mas desta vez em uma causa à qual todas as nações democráticas ocidentais aderiram. Estima-se que 26 milhões de cidadãos soviéticos tenham morrido no conflito, dos quais 11 milhões eram militares. A Alemanha nazista perdeu mais de 4 milhões de militares e cerca de meio milhão de civis. O Japão perdeu um total de 3 milhões; a China, 20 milhões, e assim por diante.

O século XX veria avanços como nenhuma outra época na história humana, bem como a matança em uma escala que continua além da compreensão. Não há dúvida de que tal conflito impulsionou a inventividade humana. Por outro lado, não se pode negar que, ao mesmo tempo, a civilização se transformou por si só. A disseminação da eletricidade e do transporte ferroviário pelo mundo todo, a refrigeração, as telecomunicações e os incontáveis outros benefícios foram, em sua maior parte, impulsionados por objetivos humanitários (além do lucro).

O fim da Segunda Guerra Mundial viu a divisão da Europa em uma metade comunista e uma metade "ocidental livre". O Império Russo era, agora, maior do que nunca, e seu czar era muito mais poderoso do que qualquer um de seus predecessores. Nos novos países comunistas do Império Russo, intelectuais procuravam combater o regime repressivo. Enquanto isso, no Ocidente livre, uma grande proporção dos intelectuais continuava mais ou menos abertamente a favor do comunismo. Este em particular era o caso na França, onde o filósofo existencialista Jean-Paul Sartre influenciaria uma geração de marxistas. Ao mesmo tempo, na Itália e na Grécia, apenas a manipulação encoberta da CIA garantiu que esses países permanecessem "livres".

Durante a maior parte do meio século seguinte, o mundo viu uma Guerra Fria, sendo as duas superpotências a União

Soviética e os Estados Unidos. Estas ameaçaram uma à outra com uma série de guerras por procuração (na Coreia, no Vietnã e em outros países "de terceiro mundo"), bem como uma série de "crises" mais perigosas (Cuba, Berlim, e assim por diante). Estas últimas ameaçaram o planeta com a guerra nuclear e o fim da civilização tal como a conhecemos. Felizmente, um misto de sanidade, acidente e pura sorte prevaleceu. (Como vimos, a pesquisa histórica revelou que esses incidentes estiveram assustadoramente próximos de se concretizar – mais próximos do que qualquer um imaginou na época.)

Ironicamente, foi Lenin que cunhou a frase "votar com os pés". Mas foram os comunistas que ergueram uma Cortina de Ferro por toda a Europa para evitar que os habitantes de seu império fizessem exatamente o que Lenin descrevera.

Depois da Segunda Guerra Mundial, os impérios europeus ultramarinos logo se desintegraram. O Império Russo, por outro lado, permaneceu em sua máxima encarnação até 1989, quando a queda do Muro de Berlim marcou o fim da era soviética do Império Russo. Quando o líder russo Mikhail Gorbachev implementou a *perestroika* (reforma e democratização do Partido Comunista), junto com a *glasnost* (abertura e liberdade de expressão), ele não fazia ideia das forças reprimidas que estava liberando. Em uma viagem para a Lituânia, ele, ingenuamente, apelou para que os locais – e, por extensão, todos os outros Estados fantoches (ou colônias) soviéticos – não deixassem a União Soviética.

Na correria pela saída, tudo que restou foi a Federação Russa, com o beberrão heroico Boris Iéltsin resistindo a um golpe promovido por radicais e tornando-se o próximo czar. Iéltsin deu o passo sem precedentes de instaurar eleições livres e privatizar indústrias estatais, que então caíram nas mãos de uma gangue inescrupulosa de oligarcas. Em 2000, Iéltsin foi sucedido por Vladmir Putin, um ex-oficial de baixa patente da KGB na Alemanha Oriental. Putin, de maneira rápida e brutal, afirmou seu controle sobre os oligarcas e, com efeito, sobre toda e qualquer oposição a seu governo.

Depois de anos no poder, suas motivações de ganho pessoal pouco a pouco se transformaram em sonhos de um retorno aos dias gloriosos da União Soviética, com governo autoritário e o Império Russo como uma superpotência mundial. Nesse aspecto, ele parece ter cometido um erro similar ao de Gorbachev: imaginar que a Rússia pode se ater a um passado que já é história. Ainda assim, a Rússia continua sendo o maior país do mundo, e prossegue com sua expansão e influência. Tudo isso, apesar do fato de que, no interior de suas fronteiras, desrespeita os direitos civis contidos em uma espécie de Magna Carta, isso sem falar de sua indisposição, no que concerne à política externa, para reconhecer os princípios do Tratado de Vestfália.

Sequência

Mas tais princípios são tão óbvios quanto necessários? O progresso em direção a eles é inevitável? O mundo inteiro está fadado a evoluir rumo a algum tipo de democracia liberal? E, quando tal visão está à beira de se concretizar, isso prenuncia "o fim da história", como o cientista político norte-americano Francis Fukuyama afirmou, depois que, com o colapso do Império Russo, os Estados Unidos se tornaram a única superpotência mundial? Tais perguntas serão o pano de fundo constante para a evolução de nosso último grande império.

10
O Império Americano

Quando Adam Smith, sempre perspicaz, publicou *A riqueza das nações* em 1776, ele estava apenas obliquamente correto em suas previsões para os Estados Unidos. Ele não previu a independência do país, muito menos que esta aconteceria no mesmo ano da publicação de sua obra-prima. Por outro lado, previu a grandeza dos Estados Unidos. Um dia, segundo vaticinou, o centro do Império Britânico se mudaria para o Novo Mundo.

Naquele mesmo ano, 1776, Thomas Jefferson redigiria a Declaração de Independência dos Estados Unidos. Nesta, considerou parte do pensamento filosófico mais sofisticado da Era do Iluminismo. Thomas Paine, John Locke, Jean-Jacques Rousseau, David Hume... não se poderia esperar melhor pedigree. Ou um documento mais encorajador e ressoante:

> Consideramos estas verdades evidentes por si mesmas, que todos os homens são criados iguais, todos são dotados pelo Criador de certos direitos inalienáveis, entre os quais estão a vida, a liberdade e a busca da felicidade [...]

Infelizmente, esta visão comovente não se aplicava aos povos ameríndios, *nem* aos africanos transportados que já haviam sido escravizados em todos os treze estados. De fato, nessa época o Estado da Virgínia tinha mais de 187 mil escravos, ao passo que mais de 60% da população da Geórgia eram escravos (dados de 1770). Dito isso, os britânicos que, tardiamente, tentaram recuperar as colônias americanas, inclusive chegando ao ponto de incendiar a Casa Branca em 1814, não estavam lutando pela libertação dos escravos. E nem os franceses, que ajudaram a expulsar os britânicos: sua época de "liberdade, igualdade, fraternidade" só viria treze anos depois.

Mas voltemos à Declaração em toda sua glória. Não é por acaso que essas palavras "evidentes por si mesmas" lembram axiomas matemáticos (como na filosofia do judeu holandês panteísta – ou ateísta – Spinoza, nesse aspecto, uma influência não reconhecida). Sobre tais axiomas podem-se construir verdades abstratas que vão muito além de suas origens básicas. De fato, o crescimento da América pode ser visto nessa metáfora matemática. A grande estrutura que hoje é abarcada na ideia de democracia liberal ocidental assume a verdade da visão inicial de Jefferson.

Para os norte-americanos – e, em maior ou menor grau, para seus aliados, e para todo o mundo livre –, a maneira como a sociedade deve ser é inferida dessas bases evidentes por si mesmas. Elas são vistas como um imperativo moral. E as sociedades que se desviam de tais bases são vistas como maléficas. Como na descrição que Reagan faz da Rússia como um "império maléfico". Como na caracterização que Roosevelt faz dos nazistas como "inimigos de toda lei, toda liberdade, toda moralidade, toda religião". Como no filme do general Miller, *In the Loop*, descrevendo a guerra: "depois que você esteve lá, depois que viu, nunca mais quer ir de novo, a não ser que seja absolutamente necessário [...] É como a França".

Daí o "American Way" num país onde todos os seus cidadãos (menos os indígenas) são, no fim das contas, descendentes de imigrantes, a maioria a menos de três gerações de distância de sua terra "natal". Isso explica por que os norte-americanos, no geral um povo extrovertido e amistoso, frequentemente revelam a um estrangeiro nos primeiros minutos de conversa:

1. Quão americanos eles são (e você não é!).
2. Quão irlandeses/judeus/turcos etc. eles são.

Não há conflito nessa aparente falta de lógica. O patriotismo é descarado e muito mais forte do que na maioria dos países do Velho Mundo, e tem de ser, visto que coexiste com lealdades "étnicas" profundas, em sua maioria oriunda do Velho Mundo. Deve-se ter isso em mente ao discutir o Império Americano. Mesmo antes de os Estados Unidos serem uma nação, os participantes na Festa do Chá de Boston se vestiram como nativos *americanos* (ainda que se referissem a eles como "peles-vermelhas").

Como com os britânicos no século XIX, muitos afirmam que se alguém tivesse de ser líder da matilha no século XX, provavelmente era melhor que fosse americano. Naturalmente, como no caso britânico, houve erros grotescos. Mas os americanos prevaleceram mesmo assim – mais notadamente, inclinando a balança em duas guerras mundiais, assumindo o papel de superpotência mundial ao enfrentar os soviéticos, e espalhando sua cultura popular pelo mundo. Muitos se ressentiram e desprezaram essa cultura "Coca-Cola", mas não se pode negar que foi popular, em ambos os sentidos da palavra. Não era, sob aspecto algum, intelectual ou elitista, e muitas pessoas gostaram.

Esta é a nação que deu ao mundo não só a Coca-Cola, como também os filmes de Hollywood, os hambúrgueres, os chicletes, e a agitação geral que acompanha as eleições presidenciais americanas e outros grandes eventos esportivos. Nenhuma outra nação presumiria promover uma "World Series" anual entre dois de seus próprios times.*

As eleições presidenciais norte-americanas, e seu produto, são a encarnação moderna da democracia jeffersoniana. No que concerne aos dias atuais, não é preciso dizer mais nada.** Mas

---

* Eu me corrijo. O Toronto Blue Jays canadense é o único time internacional a ter participado desse evento "mundial" (e o venceu duas vezes).
** No momento em que escrevo este livro, esse "produto" é o presidente Trump.

vale ter em mente que até mesmo o nobre Jefferson considerou necessário escrever *Notas sobre o Estado da Virgínia*. De acordo com o americano especialista em comportamento humano Lee Alan Dugatkin, sua obra foi "escrita em reação às visões de alguns europeus influentes de que a flora e a fauna dos Estados Unidos, incluindo os humanos, eram degeneradas".

A cultura da Coca-Cola se espalhou pelo mundo todo.

Mais próximo da verdade do que mero preconceito sobre esse tema é o pensamento do filósofo americano do século XX Thomas Dewey. Foi ele que entendeu que, apesar de todas as suas desigualdades, a vida americana está completamente infundida com o *éthos* da democracia. Dewey reconheceu que "democracia é mais do que uma forma de governo; é, primordialmente, um modo de vida associada [...] de experiência comunicada".

Os Estados Unidos são uma nação onde "o ideal individualista" coexiste com uma aclamação exagerada do sucesso. O slogan revolucionário francês "liberdade, igualdade, fraternidade" (que continua sendo seu lema nacional até hoje) é uma contradição. A liberdade acaba excedendo a igualdade. O *American way of life* reconhece esse fato. Ainda que todos comecemos no mesmo ponto de partida, alguém vai vencer a corrida. E os Estados Unidos venceram no século XX. Os vencedores raramente são populares. Lembro de quando eu era um estudante viajando pela Europa, onde um estudante americano me perguntou: "Por que todos eles odeiam tanto os americanos?". Eu só pude responder: "No século passado, éramos os britânicos que estávamos no comando, e éramos odiados no mundo inteiro por isso. Agora, é a vez de vocês".

O que nos leva à pergunta: o que, exatamente, é o Império Americano? Em 1776, os treze estados que haviam declarado independência formavam uma linha contínua de 1,6 mil quilômetros ao longo da costa leste, do Maine à Georgia. Estes se estendiam para o interior, por uma média de 320 quilômetros, às vezes muito mais, às vezes muito menos. Para o norte fica o leste do Canadá, que os britânicos haviam acabado de tomar dos franceses, que o expandiram para incluir toda a região dos Grandes Lagos, bem como o território interiorano agora ocupado por Ohio, Illinois, Michigan e outros.

A oeste desses estados fundadores, descendo pela costa atlântica, ficava o vasto território da Luisiana Francesa, estendendo-se para noroeste a partir de Nova Orleans até o que é hoje o Canadá, em uma vasta faixa de terra que tinha até 1,3 mil quilômetros de largura. Para o sul ficava a Flórida espanhola. O resto do território contíguo hoje ocupado pelos Estados Unidos pertencia à Espanha, incluindo a região ocupada pela atual Califórnia, Novo México e Texas. Enquanto isso, o Alasca e a linha costeira que se estendia por mais de oitocentos quilômetros para o sul pertenciam ao Império Russo.

Os treze estados originais tinham uma população total de cerca de 2,5 milhões, incluindo escravos e indígenas vivendo no interior de suas fronteiras. Isso ocupava um território que correspondia a menos de um décimo do território atual dos Estados Unidos. Os russos consideravam a Sibéria e o Alasca parte de seu império. A expansão dos Estados Unidos para o oeste é considerada um aumento de seu território. Qual é a diferença aqui? Ao que parece, puramente de atitude. Ambas as expansões envolveram a perturbação ou o deslocamento de povos indígenas, que foram substituídos por colonos. Mas houve uma diferença essencial. Os Estados Unidos, na verdade, compraram dois grandes blocos de seu território.

Em 1803, Jefferson comprou de Napoleão todo o Território da Luisiana por 15 milhões de dólares. Nos termos atuais, isso valeria algo entre 300 milhões e 1,2 trilhão de dólares, dependendo de qual órgão federal fizesse o cálculo. Isso pode ter sido uma barganha, mas ainda representava uma soma considerável, e Napoleão precisava do dinheiro imediatamente para financiar suas guerras na Europa. Havia um porém: a América simplesmente não tinha esse dinheiro. Mas Jefferson reconheceu essa compra por aquilo que era: a construção de uma futura grande nação.

Então, ele recorreu ao Banco Barings, em Londres, que facilitou o pagamento, usando sua expertise financeira. Um terço do dinheiro seria pago em ouro americano. O Barings persuadiu Jefferson de que o resto poderia ser financiado por títulos públicos – os primeiríssimos *securities* emitidos pelo governo americano no mercado internacional. O Barings, então, se reuniu com os franceses e concordou em comprar essas obrigações do governo francês em troca de dinheiro. O Barings venderia as obrigações para compradores nos mercados de Londres e de Amsterdã para recuperar o dinheiro desembolsado (e, é claro, obter lucro).

Foi um risco, mas as finanças envolvem tais riscos. As pessoas estavam dispostas a acreditar no futuro da América a ponto de confiar que eles pagariam juros por esses títulos e, em cerca de dez anos, os comprariam de volta? Da maneira como isso foi apresentado pelo Barings, todo comprador estava numa situação de ganha-ganha. A Compra da Luisiana, como ficou conhecida, dobrou o tamanho dessa nova nação. As obrigações foram compradas rapidamente: as pessoas estavam começando a acreditar na América. (Ainda que, nove anos depois, os britânicos tenham incendiado a Casa Branca e tentado tomar a ex-colônia de volta.)

Pouco mais de meio século depois da Compra da Luisiana, William H. Seward, secretário de Estado dos Estados Unidos, compraria outra grande extensão de terra para o país. Em 1867, ele comprou o Alasca do Império Russo por 7,2 milhões de dólares. Os russos precisavam desse dinheiro para financiar a Guerra da Crimeia, mas as finanças americanas estavam ainda mais caóticas, visto que eles mal haviam se recuperado da Guerra Civil. Essa compra de território inexplorado foi recebida com escárnio e ficou conhecida como "a loucura de Seward". Mas os instintos estratégicos de Seward estavam corretos. O território do Alasca corria o risco de cair nas mãos dos britânicos.

No entanto, ao contrário da Compra da Luisiana, a vitória estratégica de Seward foi uma derrota financeira. O valor que ele desembolsou, em dólares atuais, ainda está abaixo do saldo de dinheiro que o governo federal recebeu pelo Alasca ao longo dos cerca de 150 anos desde que foi comprado. Contrariando a sabedoria atual (tanto dentro como fora dos Estados Unidos), dinheiro não é tudo – nem mesmo para a América.

A essa altura, os Estados Unidos haviam tomado a Califórnia do México (1847). O Texas também havia se livrado do governo mexicano em 1836, mas decidiu se tornar uma república independente. Esta durou dez anos, antes de o Texas ser anexado pelo Congresso. Então, em 1861, teve início o evento interno mais traumático na história dos Estados Unidos: a Guerra Civil Americana (ou Guerra de Secessão), que duraria de 1861 a 1865. O Sul, primordialmente rural, empregava escravos em suas plantações de algodão, ao passo que todos os estados do Norte, mais industrializado, haviam abolido a escravidão em 1804. As coisas pioraram quando os Estados Confederados do Sul ameaçaram se separar da União, e a guerra entre as duas partes eclodiu.

Esta foi a primeira guerra mecanizada no mundo, com ambos os lados usando armas avançadas como rifles de repetição, metralhadoras (*Gatling guns*), navios blindados e até mesmo submarinos. Também foi a primeira guerra industrializada, com eficiência aumentada pela fabricação industrial de armas, avanços tecnológicos como trens ferroviários para transporte rápido, e telégrafo para comunicações aceleradas, bem como balões de reconhecimento tripulados. O resultado foi um total de aproximadamente 700 mil mortes – mais do que as perdas dos Estados Unidos em todos os conflitos combinados, incluindo duas guerras mundiais, nos cem anos seguintes. Somente na Guerra do Vietnã esse número viria a ser excedido.

O Norte Unionista derrotou o Sul Confederado quando o general Robert E. Lee finalmente se rendeu ao general Ulysses S. Grant em 9 de abril de 1865. Cinco dias depois, o presidente Abraham Lincoln seria assassinado por John Wilkes Booth, um simpatizante dos Confederados. Durante a Guerra Civil, Lincoln havia proferido seu famoso Discurso de Gettysburg, que, até hoje, é visto como uma declaração que define o propósito nacional americano. Isso remete à Declaração de Jefferson, com as palavras de Lincoln afirmando que a América era uma nação "concebida na Liberdade e dedicada à proposição de que todos os homens foram criados iguais". Ele estava falando em novembro de 1863 após a vitória unionista na sanguinária Batalha de Gettysburg, que durou três dias. Nesta, mais de 23 mil soldados unionistas (e muitos mais confederados) perderam a vida, e Lincoln resolveu:

[...] que esses homens não morreram em vão; que esta nação, com a proteção de Deus, verá um renascimento da liberdade; e que o governo do povo, pelo povo, para o povo não desaparecerá da Terra.

É salutar comparar esse discurso com o *Manifesto Comunista*, escrito cerca de quinze anos antes por Marx (e Engels), coincidindo com as revoluções europeias de 1848. O discurso de Marx enfatiza o conflito entre as classes e insta os trabalhadores do mundo a se unir. O discurso de Lincoln, por sua vez, exorta um povo livre a se autogovernar.

Não há como negar que, mesmo na época, os Estados Unidos tinham suas divisões de classes. (Para não falar da divisão racial que dera origem à guerra civil.) No entanto, o discurso de Lincoln é para um novo povo, em um novo território. A grande maioria dessas pessoas não tinha conquistado sua liberdade por meio de uma revolução, e sim atravessando o Atlântico em navios de imigrantes. Vinte e um anos depois, a Estátua da Liberdade proclamaria: "Dai-me vossas massas amontoadas [...] que anseiam por respirar em liberdade". A América era um novo começo para aqueles que punham os pés em seu solo. É aqui que o éthos de democracia de Dewey difere tão radicalmente da "ditadura do proletariado".

Mas a América não era uma utopia, mesmo para os que fugiram da Grande Fome irlandesa, da perseguição dos judeus no Leste Europeu, da pobreza – para os ambiciosos ávidos por se libertar dos grilhões da sociedade europeia, bem como para os fugitivos e os vagabundos. A construção da Estátua da Liberdade também testemunharia a era dos "barões ladrões". Grandes capitalistas poderosos e implacáveis, que explorariam aquelas mesmas massas amontoadas em suas fábricas. Cornelius Vanderbilt, Andrew Carnegie, J.P. Morgan, Henry Ford e outros construíram impérios comerciais gigantescos, arruinando todos os concorrentes que se puseram em seu caminho, além de usar as últimas inovações e eficiência empresarial para acumular fortunas. Estes foram os homens impiedosos que construíram a América, mas à custa de outros.

O governo – "do povo, para o povo, pelo povo" – faria tudo que estava em seu alcance para enfrentar esses "barões", cujo poder muitas vezes parecia diminuir o do governo e da lei. Conforme J.P. Morgan informou um juiz descaradamente: "Não quero que um advogado me diga o que não posso fazer. Eu o contrato para que ele me diga como fazer o que quero fazer".

Mas esses homens tinham outro lado. Não uma, mas duas vezes, este mesmo J.P. Morgan resgataria os Estados Unidos pessoalmente. Em 1895, ele comprou ouro suficiente para resgatar o dólar, mantendo-o no padrão-ouro. E, em 1907, interveio com uma garantia financeira que evitou, sozinha, uma quebra de Wall Street. O governo aprendeu com isso. Ninguém deveria ter tanto poder, ainda que o usasse para o bem. Em resposta, o governo finalmente criou o Federal Reserve.

Henry Ford inventou a linha de montagem moderna na fábrica de Detroit que construiu o primeiro "carro popular": o Ford Modelo T, carinhosamente conhecido como "Tin Lizzie" ("carro de lata"). Como Ford declarou: "Você pode ter a cor que quiser, desde que seja preto". O caso de amor entre a América e o automóvel havia começado. Quando Rockefeller monopolizou a indústria do petróleo, o governo o processou sob a Lei Sherman antitruste. Rockefeller lutou de todas as maneiras, trocando suas empresas de estado em estado, mas, em 1911, ele finalmente foi forçado a dividir a Standard Oil em 32 empresas. Algumas delas permanecem até hoje, como a Chevron e a Exxon Mobil.

A América estava se tornando o maior país do mundo, embora ninguém mais tivesse notado. E seu império era ela própria. A América era – e, essencialmente, continuaria sendo – uma *potência* mundial, em vez de um império. Naqueles primeiros dias, não invadiu países, ou pelo menos não com frequência. Em 1836, o novo Estado do Texas foi ameaçado pelo México, e por isso os Estados Unidos invadiram o México. Em dois anos, o México foi derrotado, e a fronteira entre os dois países foi redesenhada para incluir o Novo México, Utah e toda a Califórnia como parte dos Estados Unidos. (Estes eram novos estados, e não colônias.) Em 1902, os Estados Unidos libertaram Cuba do império espanhol. Cuba se tornou independente, mas apenas enquanto se comportasse.

Em 1903, os Estados Unidos compraram a tentativa francesa fracassada de construir um canal através do istmo do Panamá, que na época era parte da Colômbia. Este foi, provavelmente, o maior projeto de engenharia realizado até então, e seria concluído em 1914.* O Canal do Panamá, com seus 82 quilômetros de extensão e suas eclusas gigantes, criou um elo comercial de vital importância entre as costas leste e oeste da América do Norte. Consequentemente, Washington decidiu que

---

* Não desde a construção das pirâmides, cerca de 4,5 mil anos antes, a humanidade realizara um feito tão prodigioso. E somente quando os soviéticos lançaram o primeiro Sputnik, 43 anos depois, em 1957, tal feito de pura engenharia foi superado. Não é nenhum exagero afirmar que a velocidade exponencial do progresso histórico da humanidade se reflete nas lacunas condensadas entre essas três datas. Um feito que quase desafia a crença, mas é reforçado por fatos da minha história pessoal.

Meu pai tinha apenas onze anos quando os irmãos Wright conseguiram fazer que sua engenhoca de asas fixas e movida por correntes fosse impulsada quase três metros acima do solo durante doze segundos, à velocidade de onze quilômetros por hora e por uma distância de 36 metros. Meu pai viveria mais dezesseis anos até Neil Armstrong pisar na lua pela primeira vez. Mas é necessário repetir que, durante esse mesmo século, a humanidade alcançou o feito científico muito menos positivo (incorporando conhecimentos de engenharia comparáveis) de primeiro dividir e depois fundir o núcleo atômico, com o potencial de colocar um ponto final a essa longa e superlativa história de progresso.

esta valiosa rota de comércio deveria ser protegida pelo exército dos Estados Unidos, que ocuparia uma "zona do canal" de aproximadamente oito quilômetros de largura de cada lado. Esta foi definida como "território não incorporado dos Estados Unidos", em vez de colônia.

A entrada dos Estados Unidos na Primeira Guerra Mundial faria a balança pender a favor das quatro potências aliadas do Ocidente (Reino Unido, Estados Unidos, França e Itália). Em consequência, na Conferência de Paz de Versalhes, o presidente Wilson foi amplamente reconhecido como o arbitrador sênior entre os quatro principais estadistas (que se tornaram três, quando o líder italiano Vittorio Orlando caiu no choro, virou as costas e foi embora ao não conseguir fazer as coisas à sua maneira). Wilson estava cheio de boas intenções, o único presidente americano a ter um Ph.D., e esta foi a primeira ocasião em que se reconheceu que os Estados Unidos, naquele momento, provavelmente eram a principal potência mundial.

Apesar disso, Wilson foi superado pela artimanha política do primeiro-ministro britânico David Lloyd George e do presidente francês Clemenceau. Desgostoso, o economista Maynard Keynes, de 35 anos, um jovem membro da delegação britânica, renunciou para escrever *As consequências econômicas da paz*, que se tornou um best-seller, bem recebido pelo público informado e por futuros estadistas no mundo todo.

Mas nada foi feito com relação ao tratado final, que onerou a Alemanha com dívidas debilitantes e traçou linhas arbitrárias nos desertos do Oriente Médio, demarcando novos países divididos entre interesses britânicos e franceses. O primeiro erro contribuiria, em grande parte, para causar a Segunda Guerra Mundial. As consequências do segundo nos afetam até hoje.

A América agora entrava nos "Loucos Anos Vinte" do Charleston, das bebidas alcoólicas ilícitas e do Charlie Chaplin – bem como das grandes festas ao estilo do fictício Grande Gatsby.

Nos Estados Unidos, tudo era grande. A grande festa dos anos 1920 foi seguida do Grande Crash de 1929, que, por sua vez, levou à Grande Depressão. Durante essa época, arranha-céus começaram a criar a grande linha do horizonte de Nova York. (Iniciados antes do Grande Crash, não restava alternativa senão concluir os arranha-céus, de todo modo.)

Para aliviar os efeitos da Grande Depressão, o presidente F.D. Roosevelt implementou o New Deal, um projeto ao estilo keynesiano concebido para devolver os americanos desempregados ao trabalho. Construíram-se estradas por todo o país; grandes projetos, como o da Represa Grand Coulee, foram iniciados; construíram-se escolas e hospitais; até mesmo escritores foram colocados para trabalhar registrando a história de estados e territórios em todo o país, proporcionando um "autorretrato da América".

Tal era a capacidade da economia americana que a Grande Depressão afetou o mundo inteiro. Nos Estados Unidos, essa desaceleração só chegou ao fim quando o país finalmente abandonou sua política isolacionista com uma vingança e embarcou verdadeiramente no esforço de guerra, ao entrar na Segunda Guerra Mundial. Isso foi ocasionado em dezembro de 1941, quando os japoneses bombardearam Pearl Harbor, tomando o país de surpresa. O almirante japonês Yamamoto, um dos poucos céticos do sonho japonês de hegemonia oriental, alertou: "Nós despertamos um gigante adormecido". Ao mesmo tempo, Hitler, um mestre em decisões desastrosas, se superou quando, desnecessariamente, declarou guerra aos Estados Unidos. Churchill, sitiado, tomou champanhe com seu gabinete: a Europa estava salva, a guerra agora seria vencida pelos aliados.

O custo dessa guerra em vidas já era difícil de conceber, quanto mais mensurar. Estimativas vagas chegam a 150 milhões; quase quatro vezes mais do que na Primeira Guerra Mundial. A Europa, o Japão e grande parte da China foram deixados em ruínas. A transição de poder no Japão foi habilmente conduzida pelo general MacArthur, que, na prática, tornou-se imperador de grande parte da Ásia Oriental. (Seis anos se passariam até que a megalomania levasse o general – que fumava cachimbo de sabugo de milho – a ser destituído do cargo, durante a Guerra da Coreia.) A Europa Ocidental seria resgatada pela munificência do Plano Marshall. Stalin, que a essa altura governava o Leste Europeu, recusou este "suborno capitalista". Os 12 bilhões de dólares do Plano Marshall (bem mais de dez vezes esse valor na moeda atual) reconstruíram o comércio europeu, e, mais uma vez, Coca-Cola, Hollywood, Ford Motors e outras gigantes americanas tiveram um próspero mercado externo. Enquanto isso, as duas novas superpotências do mundo (a União Soviética e os Estados Unidos) embarcaram em uma série de "guerras por procuração" – da Guerra da Coreia (1950-1953) à Guerra do Vietnã (1955-1975) e além.

Foi durante esse período que os Estados Unidos elegeram um presidente que simbolizava sua nação de maneira similar a como Júlio César simbolizara o Império Romano. O presidente era John F. Kennedy – embora os paralelos em sua vida real estejam mais alinhados com o ambíguo Gatsby do que com César. Quando Kennedy – carismático, jovem e articulado – assumiu em 1961, ele personificava as esperanças de uma América que assumia inquestionavelmente sua grandeza, embora, mais uma vez, percebesse a si mesma como um país jovem e otimista. "Não pergunte o que um país pode fazer por você – pergunte o que você pode fazer por seu país", Kennedy declarou em seu discurso de posse. Ele deixou claro que defenderia os direitos civis dos negros no país, e a liberdade contra a opressão comunista no exterior.

Nos Estados Unidos, em meio a marchas, caos e assassinatos, os estados do sul estavam em franca revolta. Em sua primeira conferência de cúpula em Viena com o líder comunista Nikita Kruschev, duro e impetuoso, Kennedy foi humilhado. O recente fiasco da invasão da baía dos Porcos de Cuba, financiada pelos Estados Unidos, os confrontos crescentes com relação ao Laos (um prelúdio para a Guerra do Vietnã), e a ameaça soviética de engolir Berlim, isolada, se mostraram irreplicáveis. "Ele me aniquilou", Kennedy confessou.

Mas, um ano depois, foi Kennedy que, de maneira calma e desafiadora, confrontou Kruschev sobre a crise de Cuba. E, naquele mesmo ano, em resposta à superioridade dos soviéticos no espaço, ele anunciou ousadamente que em uma década os Estados Unidos aterrissariam na lua: "Não porque seja fácil, mas porque é difícil".

A imagem enérgica e juvenil que Kennedy apresentava, acompanhado da esposa Jackie, atraente, poliglota e educada no Vassar College, em seus trajes escrupulosamente elegantes, conquistou corações no mundo todo. A Casa Branca, que recebia festas diplomáticas e eventos culturais sofisticados, ficou conhecida como "Camelot", em referência à lendária corte do rei Artur.

Mas, por trás da imagem de Dorian Gray de Kennedy, havia outro retrato mais obscuro – tão ambíguo quanto o passado de Gatsby. O pai de Kennedy, Joe, havia praticamente comprado a eleição para o filho, usando a vasta fortuna que acumulara no mercado de ações e, supostamente, traficando bebidas alcoólicas durante a Lei Seca. Ele tinha contatos na máfia, retinha simpatias fascistas (certa vez, tentara encontrar Hitler) e, mais tarde, apoiou a fanática caça às bruxas anticomunista promovida pelo senador McCarthy.

John F. Kennedy parece ter se mantido inocentemente ignorante da maior parte disso. Mas o presidente jovem, saudável e carismático também não era exatamente o que parecia. Durante anos ele fora acometido por doenças debilitantes, incluindo hipertireoidismo e um raro transtorno do sistema endócrino (Doença de Addison). O tratamento requeria um constante coquetel de medicamentos e injeções, o que causava hipertensão, oscilações de humor e dependência sexual. Conforme ele confessou para o primeiro-ministro britânico Harold Macmillan, que reagiu com perplexidade: "Se eu não fizer sexo todos os dias, tenho dor de cabeça". Esta prática ia de garotas de programa (enviadas secretamente à Casa Branca quando Jackie não estava) a Marilyn Monroe, Marlene Dietrich e, mais perigosamente, Judith Exner, amante do chefe da máfia Sam Giancana. Por mais angustiante que seja registrar tal fato, não há dúvida de que o assassinato de Kennedy em Dallas em 1963 veio no momento oportuno. Uma onda de choque e luto varreu o mundo ocidental: há, hoje, um bulevar JFK em importantes cidades por todos os continentes. Até mesmo Kruschev declarou, em lágrimas, que a morte de Kennedy foi "um duro golpe para todas as pessoas".

Pouco mais de um quarto de século depois, a União Soviética ruiria, deixando a América como a única superpotência. A democracia liberal era a forma definitiva de governo bem-sucedido e, sob a égide dos Estados Unidos, inevitavelmente se espalharia para o mundo todo. Enquanto isso, a América, agindo como "polícia do mundo", ajudaria esta evolução. As invasões do Iraque, do Afeganistão, da Somália e até mesmo da minúscula ilha caribenha de Granada mostraram que tais sonhos eram uma ilusão.

A América, que nunca tivera um império, não poderia, portanto, perder um. Mas, indubitavelmente, seu substituto para o colonialismo territorial – seu poder – está sendo desafiado. E, por ironia, esse desafio vem da própria fonte que supôs que havia erradicado. Isto é, o comunismo – desta vez, em suas novas variantes na China e na Rússia. O capitalismo, ao que parece, não é a única maneira de fazer as coisas capaz de sobreviver por meio da autotransformação. Mas, por enquanto, o Tio Sam continua sendo o parente dominante no mundo. Só por enquanto.

Perspectivas futuras

"Não conte com as galinhas antes que os ovos sejam chocados": um provérbio que continua verdadeiro há mais de dois milênios. Há várias décadas, era "inevitável" que o Japão se tornasse a principal potência econômica da Ásia. Agora é a vez da China. De maneira similar, "o fim do capitalismo" vem sendo previsto desde que reconhecemos sua existência, geralmente aceita como sendo de aproximadamente quinhentos anos. Mas ainda persiste, em sua última forma adaptativa. Este foi o motor econômico que tirou grande parte do mundo da pobreza, ao mesmo tempo explorando mais aqueles que se beneficiaram menos.

De acordo com o adágio bíblico atribuído a Cristo: "Os pobres estão sempre conosco". E também, ao que parece, os muito ricos. E, contrariando as pesquisas de opinião, as estatísticas tendenciosas, os praticantes de econometria engenhosa e outros magos de nossa era, a brecha mundial entre esses dois estratos da sociedade permaneceu praticamente inalterada desde a antiguidade.

Em 1909, o economista italiano Vilfredo Pareto mostrou que "em toda sociedade humana, em toda época ou país", 20% da população detinha 80% da riqueza, e 20% daqueles 20% detinham 80% daqueles 80%, e assim por diante. De acordo com essa lei de potência de 80:20, os 0,6% mais ricos da população deveriam deter 38,4% da riqueza. De acordo com os dados da Organização para a Cooperação e Desenvolvimento Econômico de janeiro de 2019, os 0,6% mais ricos do mundo detêm 39,3% da riqueza mundial.

A afirmação de que "o mundo está se deteriorando" tem uma longa genealogia similar, sendo uma das primeiras inscrições seculares decifradas do Egito Antigo. Outro fato pouco palatável foi revelado no século XIX pelo economista inglês, o reverendo Robert Malthus, que, relutante, provou que a população mundial inevitavelmente superaria sua capacidade de se alimentar. Mas, nas palavras do personagem de Charles Dickens, o sr. Micawber: "Alguma coisa vai acontecer".

E aconteceu. O mundo aprendeu a produzir mais comida. Nessa transformação, não foi pequena a participação do grande químico alemão Fritz Haber, que descobriu como sintetizar amônia a partir de nitrogênio e gás hidrogênio, revolucionando, assim, a fabricação de fertilizantes. No entanto, Haber se esquivou da canonização ao criar também o gás venenoso para ser usado na guerra.

As transformações da humanidade, quase invariavelmente, surgiram de maneira imprevisível. Acidentes (como a descoberta da penicilina por Fleming), uma recusa teimosa em aceitar os "fatos" (Pasteur: "O acaso favorece a mente preparada"), bem como a fagulha genial de inspiração (Arquimedes e sua descoberta do princípio de impulsão: "Eureca!"), e muitas de tais descobertas, tudo isso exerceu seu papel em mudar o rumo da história de maneira totalmente imprevista.

O último desses acontecimentos transformadores é, talvez, a revolução tecnológica, impulsionada pelo computador. Há apenas trinta anos, pessoas que caminhassem pelas ruas conversando animadamente consigo mesmas, ou que acreditassem ser necessário comunicar cada pensamento que lhes passasse pela cabeça para que fosse aprovado ou reprovado por um grupo de amigos imaginários, provavelmente seriam internadas para seu próprio bem. Agora, simplesmente são parte das redes sociais.

O último candidato para "O fim" (a catástrofe que destruirá nosso planeta) é o aquecimento global. Em minha juventude, era o holocausto nuclear: poucos de nós acreditávamos que chegaríamos aos sessenta anos. Sempre houve o argumento: "Ah, mas desta vez é diferente". Essa expressão ilusória tem sido empregada com mais frequência por financistas bem informados e otimistas durante um mercado com tendência altista prolongada, quando confrontados por pessimistas prevendo uma queda abrupta que destruirá a economia mundial.

A democracia é uma receita para o curto prazo, e é improvável que tais governos implementem coletivamente todas as soluções drásticas necessárias para reverter o aquecimento global. Alternativas para a sobrevivência de nossa espécie, como a emigração para Marte, são mais um assunto entre Elon Musk e seu psiquiatra. Milagres como a fusão a frio e absorventes de dióxido de carbono potentes e em grande escala são esperados há muito tempo. O milagre salvador, se chegar, será a nuvem bíblica "não maior do que um palmo", que pode estar, agora mesmo, se materializando fora do nosso campo de visão. Quanto aos futuros grandes impérios e o cenário geopolítico mundial... Isso talvez não seja tão cruel quanto a guerra contínua imaginada por George Orwell em seu romance distópico *1984*; mas é bem possível que ele tenha previsto acertadamente seus impérios e suas esferas de influência concorrentes. Ele apresentou três: a Oceania (incluindo as Américas, a Austrália, o sul da África e o Reino Unido), a Eurásia (indo de Portugal ao Pacífico) e a Ásia Oriental (uma China expandida para o oeste). É inevitável que um destes surja como a potência dominante?

Um amigo inteligente me deu uma dica para uma corrida disputada entre dois cavalos. O favorito não tinha chance de ganhar: aposte tudo que puder no outro cavalo. Durante a corrida, o favorito caiu em um dos primeiros obstáculos, deixando o caminho livre para o nosso cavalo. Para nossa tristeza, o peso da expectativa sobre esse cavalo evidentemente se mostrou grande demais, pois ele sucumbiu com um ataque cardíaco a poucos metros da linha de chegada. Tal é, e sempre foi, a situação das previsões com relação ao futuro do mundo e dos grandes impérios que formarão sua história.

Agradecimentos

Este livro se apoia, em muitos aspectos, naqueles que contribuíram para minha educação, tanto formal (escolas, universidades, livros etc.) como confidencial (palavras sábias em meu ouvido proferidas por fontes que vão de políticos experientes a um ex-chefe da máfia). Ao contrário de muitas das minhas obras, esta incorpora uma experiência de vida junto com as reações cheias de opinião por parte daquele que as vivenciou.

Com relação ao produto final, toda opinião, erro e assim por diante devem ser atribuídos inteiramente ao autor – e, por certo, não a qualquer um de seus conselheiros confidenciais. O próprio livro não teria sido possível sem a edição meticulosa e sempre útil da equipe da Hodder. Em particular, isso inclui meus editores, que mudaram no meio do processo: Drummond Moir e Ian Wong. E também a todos os outros na Hodder que foram tão prestativos com minhas solicitações ocasionais.

Como sempre, eu gostaria de agradecer a meu agente de longa data Julian Alexander. Também a seu assistente Ben Clark, sempre solícito. Gostaria de agradecer, em particular, aos funcionários dos vários arquivos e bibliotecas que consultei, tanto no país como no exterior, que me deram orientação e tantas informações valiosas. E, como sempre, sem os funcionários infalivelmente prestativos de Humanidades 2 na Biblioteca Britânica, este livro não teria sido possível.

Agradecimentos pelas imagens

p. 11: Ilustração de © Jan Adkins 1993; p. 35: © Thaaer Al--Shewaily/Getty Images; p. 41: © Silver Stock / Alamy Stock Photo; p. 55: © Shutterstock.com/kavram; p. 76: Presente de George D. Pratt, 1931/The Metropolitan Museum of Art, Nova York; p. 94: © GL Archive / Alamy Stock Photo; p. 115: Legado de John M. Crawford Jr., 1988/The Metropolitan Museum of Art, Nova York; p. 121: © Granger Historical Picture Archive / Alamy Stock Photo; p. 156: © Christopher Pillitz/In Pictures Ltd./Corbis via Getty Images; p. 178: Cortesia de Vadac/Wikimedia; p. 182: © shutterstock.com/Vera NewSib; p. 205: Cortesia de The Advertising Archives

Referências bibliográficas

Listei citações precisas para a Introdução e o Capítulo 1, onde usei uma grande variedade de fontes bibliográficas. As fontes das citações nos capítulos posteriores estão quase todas indicadas no texto; outras foram tiradas dos livros mencionados na Leitura Recomendada.

Introdução

1. Muitas fontes repetem versões desta frase; ver, por exemplo, FERGUSON, Niall. *Civilization*. Londres: Penguin, 2011. p. 29. [Ed. bras.: *Civilização*. Trad. Janaína Marcoantonio. São Paulo: Planeta, 2012. p. 29.]
2. Ver DAWSON, Miles Menander. *The Wisdom of Confucius*. Boston, 1932. p. 57-58.
3. Citado em MENZIES, Gavin, *1421*. Londres: William Morrow, 2003. [Ed. bras.: *1421*. Trad. Ruy Jugnmann. Rio de Janeiro: Bertrand Brasil, 2006.]
4. FERGUSON. *Civilização*, p. 29.
5. MENZIES. *1421*, p. 216.
6. Ver *JUNK History*. Four Corners. ABC, 31 jul. 2006. Programa de TV. Acessado em: 1 jun. 2018.
7. LASCELLES, Christopher. *A Short History of the World*. Londres: Crux, 2012. p. 65.
8. FAN, C. Simon. *Culture, Institution and Development in China*. Londres: Routledge, 2016. p. 97.
9. Para esta e as citações subsequentes sobre o Golghar, ver, por exemplo, MORRIS, Jan. *The Stones of Empire*. Oxford: Oxford University Press, 2005. p. 220-222.

10. RELATÓRIO Secreto LA-602. "Ignition of Atmosphere with Nuclear Bombs", carimbado como "desclassificado 30/07/1979", p. 18.
11. WELLERSTEIN, Alex. "Nuclear Secrecy" (blog), citado por HORGAN, John. *Scientific American*, 3 ago. 2015.
12. Ver verbete da Wikipedia (em inglês) sobre Stanislav Petrov, citando como fonte *1983: The Brink of the Apocalypse*. Channel 4. A sequência sobre Petrov começa no minuto 29.06 do programa. Acessado em: 5 jun. 2018.
13. Roteiro original de *Monty Phyton's Life of Brian*, publicado na internet (em inglês). Acessado em: 5 jun. 2018.
14. Ver OXFORD *English Dictionary*. 2. ed. Oxford: Oxford University Press, 1989. v. 5.

CAPÍTULO 1

15. HERÓDOTO. *The Histories.* v. 2, p. 97. [Ed. bras.: *História.* Trad. J. Brito Broca. Rio de Janeiro: Nova Fronteira, 2019. v. 1, livro 2, p. 176.]
16. Gênesis 7: 14-15.
17. Citado por ROUX, Georges. *Ancient Iraq.* Londres: Penguin, 1980. p. 145.
18. et seq: citado por ROUX. *Iraq*, p. 146.
19. THE CHRONICLE of Early Kings (ABC20). *In*: Livius.org. Adaptado de GRAYSON (1975) e GLASSNER (2004), A. 2.
20. THE CHRONICLE of Early Kings (ABC20), A. 18-19.
21. Ver KUHRT, Amélie. *The Ancient Near East*. Londres: Routledge, 1995. v. 1, p. 49.
22. Citado por LIVERANI, Mario. *The Ancient Near East*. Londres: Routledge, 2013. p. 143.
23. Citado por ROUX. *Iraq*, p. 149.
24. Et seq, ver KRIWACZEK, Paul. *Babylon.* Londres: Atlantic, 2010. p. 120-122. [Ed. bras.: *Babilônia.* Trad. Vera Ribeiro. Zahar: Rio de Janeiro, 2018. p. 159, 163, 164.]
25. Et seq, citado por ROUX. *Iraq*, p. 148.

Referências bibliográficas

26. Et seq, ver DEUTSCHER, Guy. *Syntactic Change in Akkadian*. Oxford: Oxford University Press, 2000. p. 20-21.
27. KRIWACZEK. *Babilônia*, p. 167.
28. Ibid.
29. Citado e et seq, ver ROUX. *Iraq, p. 150*.
30. KRIWACZEK. *Babilônia*, p. 205.
31. STIEBING. *Ancient Near Eastern History and Culture*, p. 77.
32. Ibid., p. 78.
33. p. 28. "a construção parecia [...]", KRIWACZEK. *Babilônia*, p. 170.
34. Ver LIVERANI, Mario (Org.) *Akkad: The First World Empire*. Pádua, 1993.
35. Et seq; ironicamente, as citações de Liverani vêm da página 2 de seu título: *Akkad: The First World Empire*.
36. KRIWACZEK. *Babilônia*, p. 154.
37. Ver CRAWFORD, Harriet. *Sumer and the Sumerians*. Nova York: Cambridge University Press, 1993. p. 85.
38. WELLS, H.G. *A Short History of the World*. Londres: Penguin, 1965. p. 62. [Ed. bras.: *Uma breve história do mundo*. Trad. Rodrigo Breunig. Porto Alegre: L&PM, 2010. p. 86.]
39. O'ROURKE, P.J. *All the Trouble in the World*. Nova York: Atlantic Monthly, 1994.

Capítulo 2: O império romano

Fiz uso livre da vasta literatura dedicada a este assunto. Estes são alguns dos títulos recomendados para leitura complementar:

BEARD, Mary. *Confronting the Classics*. Londres: Profile, 2013.

BEARD, Mary. *SPQR: A history of the Roman Empire*. Londres: Profile, 2015. [Ed. bras.: *Uma história da Roma antiga*. Trad. Luís Reyes Gil. São Paulo: Planeta, 2017.]

CANFORA, Luciano. *Julius Caesar: The Life and Times of the People's Dictator*. Trad. Hill & Windle. Oakland: University of California Press, 2007. [Ed. bras.: *Júlio César: o ditador* democrático. Trad. Antonio de Silveira Mendonça. São Paulo: Estação Liberdade, 2002.]

FREEMAN, Philip. *Julius Caesar*. Londres: Simon & Schuster, 2008.

GIBBON, Edward. *The Decline and Fall of the Roman Empire*. Londres: Everyman's Library, 2010. [Ed. bras.: *Declínio e queda do Império Romano*. Trad. José Paulo Paes. São Paulo: Companhia de Bolso, 2005.]

KAMM, Anthony. *The Romans: An Introduction*. Londres: Routledge, 1995.

TACITUS. *The Annals of Imperial Rome*. Trad. Grant. Londres: Penguin, 1956.

CAPÍTULO 3: OS CALIFADOS OMÍADA E ABÁSSIDA
Leitura complementar recomendada:

AL-KHALILI, Jim. *Pathfinders: The Golden Age of Arabic Science*. Londres: Penguin, 2010.

CLOT, André. *Harun al-Rashid*. Trad. John Howe. Londres: Saqi, 2005.

GUTHRIE, Shirley. *Arab Women in the Middle Ages*. Londres: Saqi, 2001.

KENNEDY, Hugh. *Caliphate: The History of An Idea*. Nova York: Basic Books, 2016.

KENNEDY, Hugh. *The Prophet and the Age of the Caliphates*. Londres: Routledge, 1986.

LYONS, Jonathan. *The House of Wisdom*. Londres: Bloomsbury, 2009. [Ed. bras.: *A casa da sabedoria*. Trad. Pedro Maia Soares. Rio de Janeiro: Zahar, 2011.]

PREVITÉ-ORTON, C.W. *The Shorter Cambridge Medieval History. Later Roman Empire to the Twelfth Century*. Cambridge: Cambridge University Press, 1979. v. 1.

REFERÊNCIAS BIBLIOGRÁFICAS

Capítulo 4: O Império Mongol

Leitura complementar recomendada:

THE SECRET *History of the Mongols*. Trad. Igor de Rachewiltz. Países Baixos: Brill, 2006.

ATWOOD, Christopher. *Encyclopedia of Mongolia and the Mongol Empire*. Nova York: Facts on File, 2004.

VON CLAUSEWITZ, Carl. *On War*. [Ed. bras.: *Da guerra*. Trad. Maria Teresa Ramos. São Paulo: Martins Fontes, 2017.]

JACKSON, Peter. *The Mongols and the Islamic World*. Londres: Yale, 2017.

MCLYNN, Frank. *Genghis Khan: The Man Who Conquered the World*. Londres: Vintage, 2015.

WEATHERFORD, Jack. *Genghis Khan and the Making of the Modern World*. Nova York: Crown, 2004. [Ed. bras.: *Genghis Khan e a formação do mundo moderno*. Trad. Jorge Ritter. Rio de Janeiro: Bertrand Brasil, 2010.]

Capítulo 5: A Dinastia Yuan

Leitura complementar recomendada:

CHAN, Hok-lam; De Barry, W. T. *Yuan Thought: Chinese Thought and Religion under the Mongols*. Nova York: Columbia University Press, 1982.

ENDICOTT-West, Elizabeth. The Yuan Government and Society. In: *Cambridge History of China*, v. 6.

LANGLOIS, John D. *China Under Mongol Rule*. Princeton: Princeton University Press, 1981.

PALUDAN, Ann. *Chronicle of Chinese Emperors*. Londres: Thames & Hudson, 1998.

Capítulo 6: O Império Asteca

Leitura complementar recomendada:

DAVIES, Nigel. *The Aztecs: A History*. Londres: Folio Society, 1973.

DÍAZ, Bernal. *The Conquest of New Spain*. Trad. J. Cohen. Londres: Penguin, 1963.

LEÓN-PORTILLA, Miguel. *Aztec Thought and Culture*. Trad. J. Davies. Oklahoma: University of Oklahoma Press, 1978.

SMITH, Michael. *The Aztecs*. Oxford : Oxford University Press, 2012.

SOUSTELLE, Jacques. *Daily Life of the Aztecs on the Eve of the Spanish Conquest*. Stanford: Stanford University Press, 1961. [Ed. bras.: *A vida cotidiana dos astecas na véspera da conquista espanhola*. São Paulo: Companhia das Letras, 1990.]

Capítulo 7: O Império Otomano

Leitura complementar recomendada:

CROWLEY, Roger. *Constantinople: The Last Great Seage 1453*. Londres: Faber & Faber, 2005.

FINKEL, Caroline. *Osman's Dream: The Story of the Ottoman Empire 1300-1923*. Londres: John Murray, 2005.

INALCIK, Halil. *An Economic and Social History of the Ottoman Empire (1300-1600)*. Cambridge: Cambridge University Press, 1997.

KINROSS, Patrick. *The Ottoman Centuries*. Londres: Sander Kitabevi: Jonathan Cape, 1977.

MANSEL, Philip. *Sultans in Splendour: The Last Years of The Ottoman World. Londres:* Andre Deutsch, *1988.*

NORWICH, John Julius. *A Short History of Byzantium*. Londres: Penguin, 1998.

CAPÍTULO 8: O IMPÉRIO BRITÂNICO

Leitura complementar recomendada:

HOBSBAWM, Eric. *The Age of Empire*. Londres: Abacus, 1987. [Ed. bras.: *A era dos impérios*. Trad. Siene Maria Campos e Yolanda Stidel de Toledo. São Paulo: Paz e Terra, 2015.]

HYAM, Ronald. *Britain's Imperial Century 1815-1914*. Londres: Palgrave Macmillan, 2002.

MORRIS, Jan. *Pax Britannica*. Londres: Faber & Faber, 1968.

MORRIS, Jan. *Heaven's Command: An Imperial Progress*. Londres: Faber & Faber, 1973.

MORRIS, Jan. *Farewell the Trumpets*. Londres: Faber & Faber, 1978.

CAPÍTULO 9: O IMPÉRIO RUSSO

Leitura complementar recomendada:

BROWN, Archie et al. *The Cambridge Encyclopedia of Russia and the Soviet Union*. Cambridge: Cambridge University Press, 1982.

FREEZE, George (Org.). *Russia: A History*. Oxford: Oxford University Press, 2002. [Ed. port.: *História da Rússia*. Lisboa: Edições 70, 2017.]

SERVICE, Robert. *A History of Twentieth Century Russia*. Londres, 1999.

SETON-WATSON, Hugh. *The Russian Empire 1801-1917*. Londres: Clarendon, 1967.

Capítulo 10: O Império Americano
Leitura complementar recomendada:

BOYER, Paul (Org.) *The Oxford Companion to United States History*. Oxford: Oxford University Press, 2001.

CANES, Mark C.; Garraty, John A. *The American Nation: A History of the United States*. Nova York: Pearson, 2015.

LEUCHTENBURG, William E. *The American President: From Teddy Roosevelt to Bill Clinton*. Nova York: Oxford University Press, 2015.

WOOD, Gordon S. *Empire of Liberty: A History of the Early Republic 1795-1815*. Nova York: Oxford University Press, 2009.

ZOLBERG, Aristide. *A Nation by Design: Inmigration Policty in the Fashioning of America*. Londres: Russell Sage Foundation: Harvard University Press, 2006.

ÍNDICE REMISSIVO

1984 (Orwell) 220

A arte da guerra (Sun Tzu) 91
Abdulamide I 159
Adelardo de Bath 68
África 178
  comércio de escravos 168-170
  Homo sapiens 125
  islã 76
África do Sul 180
Ain Jalut, Batalha de 98, 113
Al-Andalus 74-76, 98, 110
Alasca 127, 189, 206-208
Alcorão 61-62, 64, 72
Alcuarismi, Maomé 71-72
Aleixo I, czar 190
Alemanha
  Batalha da Jutlândia 179
  comunismo 196
  e Rússia 191
  império 179
  linha ferroviária do Hejaz 146
  Segunda Guerra Mundial 199
Alexandre I, czar 193-194
Alexandre, o Grande 44, 47, 126
alfabeto cirílico 184
alfabetos 39, 114, 184
al-Hassan, Ahmad 112
Ali 62-63
Amade I 160
América, *ver também* Estados Unidos
  e Império Britânico 167, 174
  e Rússia 188-189

escravidão 168-169, 203
Aníbal 43, 44
Anna Kariênina (Tolstói) 194
aquedutos 41, 54, 58
Argel 159
Aristóteles 67-69, 75, 126
armas nucleares 14
arte 37, 50, 52, 72, 91-92, 103,
  115, 117, 119-120, 138,
  140, 186
Atatürk 162
Augusto 49
Austrália 10-11, 50, 118, 126,
  139, 175, 180, 220
Áustria 190
autodeterminação 180, 189-190
Averróis 75

Babilônia 22-23, 25, 35, 37, 53,
  122, 148
Bagdá 60, 67, 69-71, 73-74, 78,
  87, 98, 146
Balzac, Honoré de 171
Banco Barings 207
Banda, arquipélago de 171-172
Barbarossa 159
barões ladrões 196, 210
batalha de Kahlenberg 144
Beard, Mary 50
Bekter 85-86
Bellini, Gentile 150-151, 155
Bering, Vitus 189
Bethe, Hans 14
Börte 87, 88
Bucara 91, 93

231

Buda 77
budismo 77, 80, 95, 98, 105
Burns, Rabbie 177
bússola 116

Caboto, Giovanni 167
Cairo 69, 74, 132, 143, 178
calendário 30, 48, 61, 63, 86, 116, 135
Califado Abássida 69, 71, 73-74, 78, 90
Califado Omíada 62, 64-66, 74
Califado Rashidun 62
califados árabes, *ver* Califado Abássida; Califado Omíada; Califado Rashidun
Calígula 56
Cambalique, *ver* Pequim
Cameron, David 171
Canadá 139, 174, 180, 182, 206
Canal do Panamá 212
Canato de Chagatai 98
canhões 149
capitalismo 127, 172, 196-197, 217, 218
Carlos Magno 59, 66-68, 116, 149
Catarina, a Grande 192
cavalos 82-85, 88, 101, 220
Celeiro de Patna 12
Cervantes, Miguel de 159
César, Júlio 46-49, 52, 57, 159, 215
China
  budismo 105
  Dinastia Jin 87-88
  e Califado Abássida 68
  exército de terracota 101, 121
  expedição de Zheng He 9-11

Grande Canal 109, 116
Grande Salto para Frente 106
Guerras do Ópio 165, 174
Homo erectus 126
islã 75
Muralha da China 80, 102
Revolução Cultural 106
Segunda Guerra Mundial 199, 214
uigures 86, 100
chineses han 100-101
Churchill, Winston 182, 214
ciência 39, 68, 69, 90, 115, 138, 186, 193, 196
Cipião Africano 44
Civilisation 50
Clark, Kenneth 50, 221
Clemenceau, Georges 213
Clot, André 68
Coates, Radney 169
Colombo, Cristóvão 11, 136, 163, 167
comércio 11, 24, 28, 30, 34, 61, 74, 76-77, 91, 109, 111, 149-150, 163-164, 167-170, 172-173, 213, 215
Companhia das Índias Orientais 12, 172-174, 177
Compra da Luisiana 208
comunismo 101, 106, 127, 196-197, 199, 217
Confúcio 10, 77, 87, 103-106
Congo 165
Congresso de Viena 193-194
Constantino 56-57, 153
Constantinopla 57, 76, 142-144, 148-153, 155, 184-186. *Ver também* Império Bizantino; Istambul

conquista otomana 76, 142, 148-149, 153
  e Rússia 184-185
  Grande Bazar 155
  mesquita de Solimão 155
  Palácio de Topkapi 153, 155
Constantino XI 142
Cook, capitão 11, 175
Córdoba 69, 74-75, 87, 110
Cortés, Hernán 136
Courthorpe, Nathaniel 172
Crescente Fértil 19-20, 23, 35, 122
cristianismo 57, 59, 80, 109, 136, 185
  Américas 119, 136
  China 108
  crusadas 73
  cruzadas 143
  e Islã 65
  Império Otomano 154
  Império Romano 56-57
  islã 59
  moralidade 94
  Reforma 186
  Rússia 184-185, 188-189
cristianismo ortodoxo 185
cruzadas 143
Cuba 14, 200, 212, 216

Das Kapital (Marx) 196
democracia 39, 52, 90, 104, 106, 162, 201, 203-205, 210, 217, 220
Demócrito 57
de Rivéry, Aimée 159
desigualdade 205
Dewey, Thomas 205, 210
diamante Koh-i-Noor 165

Diamond, Jared 157
Dickens, Charles 219
diferença racial 126
dilúvios 19
Dinamarca 191
Dinastia Jin 87-88, 100
Dinastia Ming 9, 116-117
Dinastia Qin 101, 103-105, 107, 116
Dinastia Song 107-108, 113
Dinastia Sung 100, 107
Dinastia Yuan 100-101, 103, 105, 107-108, 113-115, 117
dinheiro 34, 97, 113-114, 147, 171, 207-208
Discurso de Gettysburg 209
Drake, sir Francis 179
Draper, Nick 171
Dugatkin, Lee Alan 205

Eden, Emily 13
Eduardo I 176
Egito
  e mongóis 98
  império 20, 37
  Império Otomano 145
  Napoleão 143, 145
  pirâmides 122-123
Eisner, Kurt 197
elixir da longa vida 111-112
Elizabeth I 158, 172
Engels, Friedrich 175, 210
Enheduana 25-27, 34
Escócia 41, 177, 197
escravidão 51, 56, 88, 169-170, 187, 209
escrita 20, 27, 29, 37, 39, 71, 76, 85, 86, 96, 101, 123, 128, 130, 138, 162, 205

escrita cuneiforme 20
Espanha 44, 47, 59, 90, 119,
    140-142, 146-147, 179,
    190, 206
  Al-Andalus 74-76, 98, 110
  e Américas 136-137, 146,
    162, 206
  e Países Baixos 190
  estênceis de mãos 140
Estados Unidos, *ver também* América
  Alasca 208
  armas nucleares 13-14
  Canal do Panamá 212
  Compra da Luisiana 208
  comunismo 196
  Declaração de Independência 202-203, 209
  Discurso de Gettysburg 209
  e Irlanda 177
  escravidão 170, 187, 209
  Guerra Civil 209
  Guerra Fria 14-15, 199, 215
  Kennedy 215-217
  Primeira Guerra Mundial 179, 213
  Segunda Guerra Mundial 180, 214
  Velho Oeste 188
estênceis de mãos 140-141
Estrabão 152
Etiópia 178
Euler, Leonhard 193
Europa
  cristianismo ortodoxo 189
  e Califado Omíada 66
  e comunismo 199
  e Império Mongol 98
  e Império Otomano 76, 142, 143, 144

Guerra dos Trinta Anos 186, 189
Iluminismo 146, 191
impérios 163-164
matemática 115, 131
Peste Negra 80, 98-99
Plano Marshall 215
população 155
Reforma 186
Renascimento 114, 146, 186
Revolução Industrial 146, 171
rivalidades estratégicas 145
Tratado de Vestfália 189-190, 194
tribos guerreiras 57-58
exército de terracota 101-102, 121, 170
expectativa de vida 37, 53

Ferguson, Niall 10
Filipe II 147
Fitzgerald, Edward 71
Força Aérea Real britânica 179
Ford, Henry 210-211, 215
França 44-45, 59, 65, 90, 114,
    140, 145, 147, 160, 179,
    191, 199, 203, 213. *Ver também* Napoleão
  comunismo 199
  e América 203, 206-207
  Guerra da Crimeia 145
  império 179
  Revolução 100, 147, 206
Freud, Sigmund 95
Friedman, Milton 89, 110, 118
Fukuyama, Francis 201

Galeno 57, 69, 73
Galileu 115, 163

ÍNDICE REMISSIVO

Gandhi, Mahatma 166-167
Garstin, capitão John 12
Gêngis Khan 80, 83-86, 88-89, 91-94, 96-97, 107
Genocídio Armênio 161
Gibbon, Edward 57
Gibraltar 181
Gilgamesh 21, 82, 96
godos 57-58, 79, 84
Golghar 12-13
Gorbachev, Mikhail 200-201
Granada 74, 76, 110, 217
Grécia, *ver também* Grécia Antiga
  comunismo 199
  e Anatólia 161
  e Império Otomano 145
Grécia Antiga 67, 69, 77, 126, 133, 183. *Ver também* Grécia
  e Roma 44
  Sócrates 77
  teatro 52
Greene, Graham 171
Guderian, Heinz 92
guerra 17, 22, 24, 40, 43-44, 47, 52, 57, 64, 68, 82, 91, 99, 101, 105, 108, 113, 129, 134, 145, 161, 178-180, 194-195, 197, 200, 203, 209-210, 214, 219-220
Guerra da Coreia 106, 215
Guerra da Crimeia 145, 208
Guerra dos Trinta Anos 186, 189, 195
Guerra do Vietnã 209, 215-216
Guerra e paz (Tolstói) 194
Guerra Fria 199
Guerras do Ópio 165, 174

Guerras Púnicas 43-44
Guilherme da Normandia 157
Guo Shoujing 116
Gurganj 93
Gutenberg, Johannes 114

Haber, Fritz 219
hadith 62, 64, 72, 95-96
Haenisch, Erich 86
Hangzhou 109, 110, 117, 132
Harune Arraxide 67, 69, 116
Hastings, Warren 12
Hawkins, John 168
Heródoto 19, 35, 111
história não linear 89, 110, 116, 131, 181
história secreta dos mongóis, A 85-86
Hitler, Adolf 13, 25, 127, 164, 180, 187, 214, 216
Hoelun 85-86
Holanda 147, 172, 191
holandeses, *ver* Países Baixos
Homem de Pequim 126
Homo erectus 124, 126, 138
Homo sapiens 125-126, 132, 138-141
Horda Dourada 98, 118
Huitzilopochtli 124, 134
Hu Jintao 11
Hume, David 202
Hungria 59, 144, 197
hunos 57-59, 79, 84

Ibn Battuta 75-76
Ibn Rushd 75
Ibraim I (o Louco) 160
Iéltsin, Boris 200
Ilcanato 98, 151

Ilha de Páscoa 123, 139
Ilhas Falklands 181
Ilhas Malvinas, *ver* Ilhas
    Falklands
Iluminismo 146, 191, 202
império 9, 12-13, 16-18, 21, 23-
    25, 27-30, 32-34, 36-37,
    41, 44-46, 51-52, 55, 57-
    59, 63, 65-66, 74, 77-78,
    80, 84, 89, 91, 94, 96-98,
    102-103, 107, 112, 118,
    126-127, 131-132, 134-
    135, 137, 142, 145-146,
    149, 151-153, 156, 161-
    164, 171, 175, 180-181,
    192-193, 200-201, 203,
    207, 211-212, 217
  e moralidade 95-96
  e superioridade 127
Império Acádio 19, 21-22, 27,
    33-34
  língua 28-29
  Naram-Sin 28, 31
  Sargão 21-27, 30-31
  zigurates 34-36
Império Asteca 118-119, 123-
    124, 135-137
  derramamento de sangue 120-
    121, 133-134
  e espanhóis 136
  pirâmides 121-123
Império Bizantino 58-59, 63,
    77, 142, 149, 152. *Ver*
    também Constantinopla
Império Corásmio 91, 93
Império Inca 119, 137
Império Mongol 79-81, 90, 97-
    98, 119, 151, 162
  Batalha de Ain Jalut 98, 113

  cavalos 83
  e Califado Abássida 73, 98
  e Rússia 93, 98, 184
  Gêngis Khan 80, 83-86, 88-
    89, 91-94, 96-97, 107
  Kublai Khan 81, 98, 100,
    107-109
Império Otomano 142, 144-
    145, 147-148, 152, 155,
    157, 159, 161-162, 191
  Constantinopla 76, 142-143,
    148, 150, 152
  culinária 156
  e Europa 77, 142-145
  kafes 160
  Maomé II 142-143, 148-150,
    151-152, 155
  Osman I 152
  Palácio de Topkapi 153, 155
  Solimão, o Magnífico 155
  varíola 158
Império Romano 17, 39-40,
    49, 54, 56-58, 65, 67, 84,
    102, 144, 149, 191, 215
  aquedutos 54-55
  direito 56
  vida de Brian, A 16
Índia
  Buda 77
  Celeiro de Patna 12
  estátuas budistas 122
  Império Britânico 12, 165,
    166-167, 173-174, 180
  Império Mogol 118
In the Loop 203
Irlanda 177, 178
islã, *ver também* Califado Abássi-
    da; Califado Omíada; Ca-
    lifado Rashidun; Maomé

ÍNDICE REMISSIVO

África 75-76
arte 72
China 76, 108
Império Mongol 80, 98
Império Otomano 154-155
Istambul 57, 145, 153-156, 159, 170. *Ver também* Constantinopla
Itália 43, 47, 53, 99, 142, 150-151, 199, 213
Ivan, o Terrível 118, 183, 185-187

Jamestown 168-169
Japão 107, 127, 164, 199, 214-215, 218
  e China 105, 107
  Segunda Guerra Mundial 199, 214
Jefferson, Thomas 202-203, 205, 207, 209
Jenner, dr. Edward 158
Jinnah, Muhammad Ali 167
judaísmo 59, 80, 104, 184
  China 109
  e islã 64
  Granada 74
  Império Mongol 80
  Império Otomano 154
  islã 59
Jung, Carl 122
Justeson, John 130
Juvayni 93

Kafarov, Pyotor 86
Kaffa 98-99
Kafka, Franz 16
Kant, Emmanuel 95
Kara Mustafá Pasha 144

Kazalla 23, 25
Kemal, general Mustafá (Atatürk) 162
Kennedy, John F. 215-217
Keynes, Maynard 213
Kriwaczek, Paul 32, 34, 65, 154
Kruschev, Nikita 215-217
Kublai Khan 81, 98, 100, 107-109

Law, John 114
lei xaria 62, 64, 154, 162
L'Enfant, Peter Charles 42
Lenin, Vladimir 176, 195-197, 200
Leonardo da Vinci 151
León-Portilla, Miguel 134
Leopoldo I, imperador do Sacro Império Romano-Germânico 144
Leopoldo II, rei da Bélgica 165
Libéria 178
Lincoln, Abraham 209-210
língua
  acádio 28
  alfabetos 38-39, 184
  árabe 60
  e comida 157
  Império Asteca 123, 135
  Império Mongol 86
  Império Otomano 157
  Inglaterra normanda 157
  latim 41, 58
  maia 130
  sumério 20, 28
linha ferroviária do Hejaz 146
linhas de Nazca 137
Lippi, Filippo 159
Lituânia 200

Liverani, Mario 33
Lloyd George, David 213
lobos 82
Locke, John 202
Lomonosov, Mikhail 193
Lourenço, o Magnífico 112
Lucrécio 56

MacArthur, general 215
Machu Picchu 137
Maclean, John 197
maias 128-131, 137
Malthus, Robert 219
Manchester 175
maniqueístas 109
Manishtushu 27, 28
Maomé 59, 61-64, 66-67, 69, 72, 75, 79, 95, 96. *Ver também* islã
 caligrafia 72
 como comerciante 61, 63, 75
 e judeus e cristãos 64
 mudança de Meca para Medina 61, 63
Maomé II, o Conquistador 142, 149-153, 155
Maomé IV 144, 162
Mao Tse-tung 106
Marcello, Bartolomeo 150
Marinha Real britânica 179
Martel, Carlos 66
Martin, Janet 185
Marx, Karl 175, 194, 196, 210
Massacre de Amritsar 166
matemática 14, 37, 54-55, 60, 71, 115, 128, 203
Mather, Cotton 158
Meca 61-63, 79, 146
medicina 17, 69-70, 73, 109, 158

Medina 61-63, 69, 146
Menzies, Gavin 10
Mesoamérica 118, 128
 Império Asteca 118, 120-124, 131-136
 maias 128-131
 olmecas 128
 mesquita de Solimão 155-156
México 13, 110, 122, 127-129, 131-132, 136, 206, 208, 212
 Tenochtitlán 129, 131-132, 135-136
Miguel I, czar 187-188
Mil e uma noites, As 67, 70
Milton, Giles 172
Moáuia 64-65
Moctezuma II 135-136
moeda 42, 55, 114, 121, 161, 171, 215
moeda fiduciária 114
Möngke Khan 98
Mongólia 81, 86-87, 93, 122
Montagu, Lady Mary 158
Monty Python, e *vida de Brian, A* 16
moralidade 94-96, 203
Morgan, J.P. 210-211
Moscou 15, 118, 183, 187-188, 193, 197
muçulmanos, *ver* islã
muçulmanos sunitas 62, 66
muçulmanos xiitas 62
mudança climática 33, 84, 125, 138
Mussolini, Benito 49

Na colônia penal (Kafka) 16
Naksidil 160

Napoleão 25, 49, 57, 113, 143, 145, 147, 159, 163, 179, 181, 187, 193, 207
   e Egito 143-144
   e Luisiana 207
   e Roma Antiga 49, 57
   e Rússia 193
   e Santa Helena 181
Naram-Sin 28, 30-32
neandertais 125, 138, 141
Nehru, Jawaharlal 167
Nelson, Horatio 179
Nero 56-57
Nicolau I, czar 145
Nicolau II, czar 195
Nimrod 21
Noé 19-21
noz-moscada 163, 172

Obama, Barack 169
Odão da Aquitânia 66
O'Dwyer, Michael 166
Ogedei 97
Okhotsk 187
olmecas 128, 130
Olugosa, David 50
Omar Khayyam 71
Oppenheimer, Robert 13-14
Orbán 148-149
Orlando, Vittorio 213
O'Rourke, P.J. 37
Orwell, George 134, 171, 220
Osman I 152
Otranto 143
Ovídio 56
"Ozymândias" (Shelley) 25, 81, 164

Paine, Thomas 202

País de Gales 176
Países Baixos 190
   arquipélago de Banda 171-172
   bolsa de valores 173
   Companhia Holandesa das Índias Orientais 172-173
   Palácio de Topkapi 153, 155, 160
papel 26, 68, 77, 97, 106, 111, 113, 127-128, 152, 158, 162, 204, 219
papel-moeda 97, 113-114
Pareto, Vilfredo 218
Paterson, William 177
Patna 12, 13
Pedro III, czar 192
Pedro, o Grande 182, 190, 192-193
Pequim 81, 98, 107, 126
peste 57, 98-99, 136, 172
Peste Negra 80, 99, 187
Petrov, tenente-coronel Stanislav 15
pirâmides 37, 93, 96, 101, 107, 121-123, 130-133, 140, 170, 212
pirataria 147, 159
Pizzaro, Francisco 137
Plínio, o Jovem 53
Polo, Marco 9, 108-109, 117
Polônia 97, 194
pólvora 89, 111-112
Pompeia 53
Pompeu 47-48
Ponte Terrestre de Bering 127, 139
Portugal 147, 220
povos ameríndios 79, 202

prensa móvel 114
Primeira Guerra Mundial 9,
    146, 161, 176, 179, 213,
    214
Projeto Darién 177
Punch, John 169
Purchas, Samuel 81
Putin, Vladimir 200

Qin Shi Huang 101-102, 112
Quetzalcóatl 124, 135

Raleigh, sir Walter 168
Ramsés II 25
Ramsés V 158
Rasis 70
Reagan, Ronald 203
Reforma 177, 186, 189, 191
Reino Unido
    comunismo 196
    e América 168-170, 175, 202,
        208
    e Egito 145
    e Índia 12, 165-167, 174, 180
    e Irlanda 177
    Escócia 177
    escravidão 168-172
    Guerra da Crimeia 145
    Império Britânico 32, 147,
        164-165, 167, 170-171,
        174, 176, 178-181, 202
    Império Romano 47
    Marinha Real britânica 179
    País de Gales 176
Remo 40-41
Renascimento 99, 114, 146,
    150, 159, 186, 189
Revolução Industrial 146, 171,
    175

Rhodes, Cecil 178
Rimush 27
Roanoke 168
Rockefeller, John D. 211
Roma 40-43, 45, 47-49, 51-52,
    54, 56, 57, 59, 66, 82,
    103, 142-143, 156, 159,
    186
    entretenimentos 51
    mito fundador 40
    população 51
    reino 42, 45
    república 43-49, 56
    situação social 45
Rômulo 40, 41
Roosevelt, Franklin Delano
    203, 214
Rota da Seda 91, 108-109, 111,
    113, 118, 163
Rousseau, Jean-Jacques 202
Roux, Georges 27
Rubaiyat de Omar Khayyam,
    O 71
Run, ilha de 171-172
Rússia 84, 90, 93, 98, 118, 145,
    169, 176, 178, 182-195,
    197, 201, 203, 217. Ver
    também União Soviética
    Alasca 189, 206-208
    Catarina, a Grande 192-193
    Guerra da Crimeia 145
    Ivan, o Terrível 118, 183-185
    Pedro, o Grande 182, 190-193
    Revolução 176, 195-197
    servidão 90, 187, 194
    Sibéria 188, 194, 207
    Rússia de Kiev 184-185

ÍNDICE REMISSIVO

Sacro Império Romano-Germânico 144, 191
Samarcanda 91, 93
Santa Helena 181
São Petersburgo 182, 191-192, 197-198
Sargão 21-28, 30-31, 34
Sartre, Jean-Paul 199
Schama, Simon 50
Segunda Guerra Mundial 42, 92, 105, 199, 200, 213-214
Sêneca 57
servidão 90, 169, 175, 187
Seward, William H. 208
Shar-kali-sharri 32-33
Shelley, Percy Bysshe 25
Sherazade 60, 67, 72
Sibéria 10, 91, 107, 126-127, 139, 187-188, 194, 198, 207
Sima Qian 102
Sinan, Mimar 155-156
Singh, Udham 166
Smith, Adam 79, 202
Sócrates 77, 135
Solimão, o Magnífico 143, 155, 159
Stalin, Joseph 92, 195-198, 215
Stanley, Henry 165
Suíça 190
sumérios 20-21, 26-28, 33
Sun Tzu 91-92

Taleb, Nassim 95
Teller, Edward 13-14
Temujin, *ver* Gêngis Khan
Tenochtitlán 129, 131-132, 135-136
Teodoro I 186
Texcoco 131-132
Tibério 56
Tlacopan 131
Tolstói, Liev 194
Trotski, Leon 195-196
Trump, Donald 204
Turquia 20, 23, 145, 151, 157, 161

uigures 86, 88, 100
União das Repúblicas Socialistas Soviéticas, *ver* União Soviética
União Soviética 14-15, 106, 127, 180, 197, 199-201, 215, 217. *Ver também* Rússia
Guerra Fria 199
Stalin 92, 195-198, 215

vacinação 158
vândalos 57, 59, 79, 84
varíola 136, 158
Veneza 90, 110, 143, 149-150, 191
Vestfália, Tratado de 189-190, 194, 201
Vida de Brian, A 16
Viena 143-144, 193-194, 215
vikings 59, 167, 184
Villon, François 53
Virgílio 41
Vitória, rainha 165, 174
Vladimir, o Grande 184
Voltaire 149, 158
von Däniken, Erich 50, 138
von Ranke, Leopold 66

Wang Zhen 114
Weatherford, Jack 92
Webster, David 129
Weidenreich, Franz 126
Wellerstein, Alex 14
Wellesley, Arthur, duque de
    Wellington 174
Wellington, duque de 174, 193
Wells, H.G. 37
Wilberforce, William 169, 170
Wilson, presidente 213
Wilson, Woodrow 180
Wittgenstein, Ludwig 135
Wolfe, general 174

Xanadu 81
Xian Zhang 113

Yamamoto, almirante 214

zero 60, 130-131
Zheng He 9-11, 108, 116-117
Zhou Enlai 100
Zhu Di 9
Zhu Shijie 116
zigurates 34-36, 121-122

Sobre o autor

Paul Strathern é autor de inúmeros livros sobre ciência, história, filosofia e literatura, incluindo duas séries, *Filósofos em 90 minutos* e *Cientistas em 90 minutos*, e o best-seller do Sunday Times, *The Medici: Godfathers of the Renaissance*.

Ele também ganhou um prêmio Somerset Maugham por seu romance *A Season in Abyssinia*. Foi professor de filosofia e matemática na Universidade de Kingston. Ele mora em Londres.